新高考背景下高中班主任培养学生核心素养策略研究

欧阳雪莲　著

湘潭大学出版社

图书在版编目（CIP）数据

新高考背景下高中班主任培养学生核心素养策略研究 / 欧阳雪莲著. -- 湘潭 : 湘潭大学出版社, 2021.11
ISBN 978-7-5687-0711-4

Ⅰ. ①新… Ⅱ. ①欧… Ⅲ. ①高中一班主任工作 Ⅳ. ① G635.16

中国版本图书馆 CIP 数据核字（2021）第 279522 号

新高考背景下高中班主任培养学生核心素养策略研究

XIN GAOKAO BEIJING XIA GAOZHONG BANZHUREN PEIYANG XUESHENG HEXIN SUYANG CELÜE YANJIU

欧阳雪莲 著

责任编辑：丁立松　黄　琼
封面设计：张丽莉
出版发行：湘潭大学出版社
社　　址：湖南省湘潭大学工程训练大楼
电　　话：0731-58298960 0731-58298966（传真）
邮　　编：411105
网　　址：http://press.xtu.edu.cn/
印　　刷：长沙鸿和印务有限公司
经　　销：湖南省新华书店
开　　本：710 mm×1000 mm 1/16
印　　张：11.5
字　　数：165 千字
版　　次：2021 年 11 月第 1 版
印　　次：2022 年 3月第 1 次印刷
书　　号：ISBN 978-7-5687-0711-4
定　　价：49.80 元

自　序

春秋时鲁国大夫叔孙豹说："太上有立德，其次有立功，其次有立言，虽久不废，此之谓三不朽。"（《左传》）此语意思为人生在世，最高的成就是树立美德，其次是为国为民建立功绩，再次是著书立说或创立精要可传的言论。这三件事会使人在历史的天空中定格为一道永不消逝的绮霞，点缀异彩纷呈的人文景观。据说我国历史上这样的不朽者唯孔子、王阳明和曾国藩（半个）而已。

道迹古贤，提笔而书，不敢追求不朽，只为铭记一个事实：作为一名乐教或许善教的人民教师，我追求卓越。为什么敢这么狂呢？

我敢静对流俗。1980 年高考后，我填完志愿，走在向阳渠堤上，夏阳灿灿，清风徐徐，渠水清清，稻浪滚滚，我痴迷于久违的故乡清美景致。醉醉独行，萌萌心动，觉得自己如一棵嫩苗，生长着，舒展着，憧憬着，一切都是那么盎然，那么纯粹，那么甜蜜。不久，与一位民师同行，他像大哥似的询问我的高考情况，我半藏半露回答他，他也不在意，一直谈兴正浓，滔滔不绝从这件事谈到那件事，我简直成了他临时倾听的学生，最后，他关切地问我填什么志愿，见我默不作声，他谆谆相告："填志愿一定不要填师范类。"我一片木然，静默以对。其实，我那文弱，仅读几册书的妈妈也说过："你最好去填商业部门的学校，将来家人好去买东西。"我把她的话当耳旁风了。现在民师兄长这么关心我，我不得不想我的志愿选择问题。

有史以来，业随人兴。古有孔圣人，教育兴；今有袁隆平，农业兴。可见职业无优劣，成败在乎人。当老师，育人励己，教人利国。三千桃李，天下壮景，万代伟业。

我能包容。1982 年，从湘潭师范毕业，我分配到湘潭县花桥公社中学，那里山路弯弯，溪水潺潺，分配去的国家老师像在美味佳肴里相胡椒，就那么几个。我第一次进学校食堂吃饭是吃晚饭，昏黄的电灯下，工友（做饭的师傅），对马尾巴油亮亮的我嘟囔："学生不能跟老师一起吃饭。"饭桌上笑倒一大片。那年我未满 20 岁。有一天，我外出办点事，一个人踽踽而行，真还有点害怕路边人家的狗，远远地东张西望，看有没有眯眼趴着的麻狗。有，我便会蹑手蹑脚闪过，没有也会一步三回头，防贼似的。陌生的山民似看非看睥睨着我，其中有人平淡地说："这妹子是中学的老师。"另一句便不经意从我的背后甩过来："杀得猪叫的就是屠夫。"我的耳膜好像遭受了迅雷闪击，耳洞被塞得严严实实，似乎要屏蔽了，脑袋嗡的一声炸裂般，心里一阵堵，脚像灌了铅，想一阵风似的逃，不过只是徒劳。我只好佯装什么也没听见，郁郁寡欢地走过了那条弥漫着狐疑空气的山路，同时油然而想起了好心的民师曾经的叮嘱。唉，木已成舟，悔之晚矣。

逆风而行，实乃不易，但脚不停，心不灰，自有一道风景。走进课堂，我出口成章，妙语连珠，学生笑容灿烂。他们好奇，老师不要照本宣科，一个知识点从我口中讲出便是雅趣。他们竞相传颂，于是，许多学生以我教了他们为豪。以前的流言在我的努力下酿成了赞美的琼浆。当时，我并没有觉得自己被这些赞誉包围着，这一切都是一种意识流，我只是不懈地教着学生，只觉得学生望见我就驻足，我从中品到莫大的幸福。

我感念恩师。赵燮老师是我高中的政治老师，也是当年茶恩中学的校长。1977 年，我参加当时公社高中的选拔考试，考上了茶恩中学。我们茶花片共 6 人通过，我是其中成绩最好的，一到高 5 班，我就当了班上的团支书、校团支部副书记，在同学中以会读书闻名，1979 年，高中毕业参加理科高考，我榜上无名。高 4 和高 5 两个班仅尹国师同学考文科金榜题名，成为当年公社高中学子考大学的一面旗帜。

高考那把铁筛将我筛出，我像泥巴沙石一样回到了俗世的尘土里，整个人就像喝了哑泉，什么话都不想说。每天没日没夜在烈日下扮禾插田，从前的芳华蜕变为鸦色，只剩心中的憋闷和眼里的不屈。有一天，邻村女同学侯新希约我到茶恩中学看高考成绩，我懵懵懂懂跟着大我一岁的她走进了铩羽之地。土坯四合院里，夹竹桃开着血红的花，它静默着，我不敢久视，它曾陪着我度过无邪的青春岁月，它见证了我的鲜花和掌声，今天它是不是深情的默嘱？我俩围着静悄悄的四合院转了几个圈，遇到赵燮老师，他问明来意，就简单地说了一句：“阳雪莲你改读文科一年就可考上。开学后你到这里来复读。”这句话让我热血沸腾。它就像一缕曙光荡涤久绕在我心头挥之不去的黑暗。什么妹子不要读那么多书，什么读了书有屁用，什么家里穷得叮当响，还装什么富有，什么你在坝里是大鱼，在河里海里就是小虾米……一切的一切，我都懒得理它了。这句话，照亮了我的梦想之旅，顿时，我理想的原野好像有千军万马在呐喊——我要读书！

理转文复读那一年，我成了老师的希望。1980 年高考分预考和高考两阶段，我预考成绩为中路铺区文科第一名，作文第二名 85 分。考前一个月在五中集训，我风尘仆仆跨进陌生的校园，就有人问我：“你就是茶恩寺来的那个会读书的妹子。”我诧异极了，甜蜜极了。一年的卧薪尝胆，一年的挑灯夜读，一年的披星戴月，迎来了初战告捷。高考结束后，我成了集训班中唯一名题金榜之人，填志愿时，五中的教导主任、后来的区联校校长马惠昌老师在分析上线情况会上特意点评：“阳雪莲同学很不错，她为五中争得了一个上线指标。”

填志愿前，赵燮老师郑重其事对我说：“你第一志愿填师范类学校最好。不要看了现在教师待遇差，地位低，将来你来做教师，会有七八百块钱一个月。将来会有人想当教师都当不成，为什么？社会发展了，对教师的要求高了，不是什么人都可做教师的。”那时赵老师他一个月的工资才四十多块钱。到现在，我都感佩恩师的远见卓识。至诚感谢他在我最迷茫最无助的时候一语开悟，让我挤过高考的独木桥，成为我们那一代人求知道路上的佼佼者，让我青春无悔，光荣绽放，让我在后来的岁月中沉稳大气，自强不息。当年，我忙于工作，未能与他有过较多的往来，今天想来，实乃憾事。恩师虽久作古人，但他的深情厚谊，他父亲般的师爱，将温润我的一生。将他的大名镌刻于我的拙作，是我此生最真切最温厚的梦想。

我是一个追梦人。从 1974 年小学毕业到 2002 年湖南师大研究生毕业，近似于马拉松、苦行僧式的求学经历，受教于很多老师，师承他们很多宝贵的品质，如刘庆云老师的公允、刘振鹏老师的刚毅、何艳庄老师的威严、侯湘云老师的通透、马仁初老师的仁慈、尹迎秋老师的深刻、彭树林老师的厚道、王咏声老师的睿智、黄大珍老师的和善、林清寰老师的机警、唐泽映校长的儒雅、文和萍老师的温厚、周斌蔚老师的严谨、刘洋生老师的大气、熊子龙老师的奔放、刘上生教授的洞见、蔡镇楚教授的蕴藉、周庆元教授的敏锐、陈可安教授的坦诚、舒淇惠教授的率真、郭建勋教授的深邃都成了我为人处世、开拓事业的锐器，同时也启发我深思：一个孩子要成长、成熟、成才，作为老师、家长、朋友、同学，以及他们自己应怎么做。尤其是在中华民族伟大复兴，中华儿女都在为实现中国梦而撸起袖子加油干，中国人民从站起来了，到富起来了，到强起来了的新时代，我该怎么做呢？庸庸碌碌，一事无成，不是我的个性，我向往青春沸腾的生活，“黄沙百战穿金甲，不破楼兰终不还。”“勿使燕然上，惟留汉将功。”春荣夏绿，秋收冬藏，斗转星移，时序代谢，三尺讲台写春秋，我赶上了科教兴国的好时代，以智开蒙，用爱化顽，为国育才，一转眼几十载。解答教书育人的疑问，开拓英才成长之要路，我倍感责无旁贷。为事业而写，为父母而写，为老师而写，为孩子而写，乃我笔耕的另一大内驱力。

不为良将，便为良医；不为良医，便为良工；不为良工，便为良师。为良师，乃我坚守三尺讲台毫不懈怠的梦想！

谨以此书呈献于我如花的事业！

欧阳雪莲

2021 年 8 月 20 日

目　录

第一章　顺应时代潮——探索良策

一、问题提出

2014 年 9 月 4 日，国家发布了《国务院关于深化考试招生制度改革的实施意见》（国发〔2014〕35 号），它标志着新一轮考试招生制度改革全面启动。2016 年 3 月 30 日，湖南省人民政府发布的关于印发《湖南省深化考试招生制度改革实施方案》的通知（湘政发〔2016〕5 号），规定湖南省新高考将从“2018 年秋季从高中一年级学生中开始施行，2021 年按新的高考制度进行招生录取”。新高考制度的评价体系打破了传统教育齐步走的安排，鼓励支持每一位学生基于自我，自定步调，“能飞则飞”，充分发展自身潜能，解决了“为什么考”“考什么”和“怎么考”等一系列问题。为适应新高考，教育部组织专家研究，于 2016 年 9 月 13 日在北京师范大学发布了课题研究成果《中国学生发展核心素养》。新时代、新形势给高中班主任提出了新的要求；也带来了新的挑战。

二、概念界定

（一）新高考

依据（湘政发〔2016〕5 号）文件精神，湖南正式启动高考综合改革，到2021年全面到位，考生高考总成绩将由全国统一高考的语、数、外3门成绩和高中学业水平考试3门成绩组成，不分文理科。目的是更好地推进素质教育，增加学生的选择性，分散学生的考试压力，促进学生全面而有个性的发展。主要任务是，构建基于统一高考和高中学业水平考试成绩、参考综合素质评价的录取机制（即“两依据、一参考”）。

（二）核心素养

核心素养，指学生必须具备的能够适应终身发展和社会发展需要的必备品格和关键能力。依据权威发布的《中国学生发展核心素养》，这些必备的品格与关键能力涵盖以培养“全面发展的人”为核心的文化基础、自主发展、社会参与3个方面，综合表现为人文底蕴、科学精神、学会学习、健康生活、责任担当、实践创新等六大素养，具体细化为国家认同等18个基本要点。

（三）班主任策略

班主任策略就是班主任为了实现学生健康、全面、和谐发展的教育目标，预先根据可能出现的问题制定若干对应的方案，并依据形势的发展变化进行决策，筛选出行之有效的方案，以期教育目标的最终实现。

三、国内外研究现状述评

（一）我国古代对教师与学生素养的研究

以孔子为代表的儒家学派对教师与学生的素养问题有着深刻研究。代表作《论语》的核心思想是“仁”，其中宣传仁义，教学生做人，将教学内容分为德行、政事、言语与文学四科，将德行置于首位，孔子提出“益者三友”“损者三友”“益者三乐”“损者三乐”“君子有三戒”“君子有三畏”“君子有九思”等就包含了政治素养、道德人伦、为人处世、待人接物方面的素养要求。他的“不愤不启，不悱不发”“道而弗牵，强而弗抑，开而弗达”“温故而知新，可以为师矣”“教学相长”“学而不思则罔、思而不学则殆”“有教无类”“学以致用”等论述在当代提高学生核心素养的背景下极具现实意义，是当代提倡“学会做人、学会求知、学会做事、学会生存、学会共处”等核心素养的历史渊源。

（二）新高考背景下对教师与学生素养的研究

高考改革的目标之一是找到一种理想的人才培养模式。以“3＋1＋2”为代表的高考科目改革是这次改革中凸显“选择性”和“主动性”的重要制度设计。首都师范大学劳凯声教授提出了五个方面的人才培养制度；北京教科院杨德军研究员从课程改革中面临的问题的视角阐述了人才培养模式的变革。厦门大学教育研究院周序博士认为，高考必须进行改革，要改革到不提高学生的核心素养就无法获得高的考试分数的程度。北京师范大学教育学部郭华教授认为，教师要做到两个转化：一是教少学多的转化；二是把外在于学生的知识转化成跟学生有关联的对象。

2014 年 9 月 9 日，习近平总书记在同北京师范大学师生的座谈中，对教师提出了“四有”标准：有理想信念、有道德情操、有扎实学识、有仁爱之心。

（三）国内外对核心素养的相关研究

1.“核心素养”内涵研究

1909 年，帕森斯在其所著的《职业选择》一书中，明确提出了职业选择的三大要素，即：自我了解、获得有关职业的知识、整合有关自我与职业世界的知识。20 世纪 80 年代，哈佛大学认知心理学家加德纳所提出的多元智能理论，每个人都拥有八种主要智能：语言智能、逻辑-数理智能、空间智能、运动智能、音乐智能、人际交往智能、内省智能、自然观察智能。欧盟的核心素养内容涵盖了从文化素养、语言素养、数学科学素养、主动意识与创新创业能力等，对每项素养不仅给出其描述性定义，并从知识、技能和情感三个维度上展开具体的描述。日本国立教育研究所于2013年提出了“21世纪型能力”框架，把思考、语言、实践、信息等能力作为“核心素养”的基本内涵。

2013年，北京教科所张娜把“核心素养”归结为互动的使用工具、自主行动能力和在社会异质团体中互动能力三点。2014年3月，教育部颁布《关于全面深化课程改革落实立德树人根本任务的意见》，文件中第一次提出了发展学生的“核心素养”。北京师范大学辛涛教授对我国学生“核心素养”理论框架进行了构建，他认为，“核心素养”的最终目标必须以“全面发展的人”为根本出发点和最终归宿点。因而“核心素养”内涵应该包含“主体性”“社会性”“文化性”三个方面。在这些文献的基础上，2016年2月，中国教育学会发布《中国学生发展核心素养（征求意见稿）》。

2.“核心素养”与“教学改革”研究

顾明远认为“身心健康”应该成为课程目标的首位。石鸥认为，课程内容的确立和教材的编写方向，应该从以往单纯地从学科知识体系为依据，转向兼顾以促进学生核心素养的形成为依据。蔡文艺等人以苏格兰的卓越课程为例，详细阐述其以“核心素养”为中心的标准制定和落实过程。钱丽欣认为“课程整合”或者“学科融合课程”的设置，可以培养学生的核心素养为基本的出发点来进行。窦桂梅等人开展了基于学生发展素养的“1＋X课程”研究。

3.“核心素养”与“学科核心素养”研究

《中国学生发展核心素养（征求意见稿）》颁发以后，各个学科也开始着手设计本学科核心素养。在知网中检索，研究中学各学科的

“学科核心素养”相关文献众多。邵朝友等人通过研究，指出学生核心素养与学科课程存在两种基本关系：一是每门学科课程都承担起学生核心素养的培养责任，二是不同学科对学生核心素养有着不同的独特贡献。

（四）班主任工作研究

汪小凤认为班主任胜任力包括五个相互关联的维度：专业素养、岗位卷入、服务导向、沟通技能和协作意识。程方平认为班主任核心素养包括为人与育人两大方面。班华则直接将班主任个人特质与工作职责混合在一起，提出班主任专业化的四个要求：学会精神关怀、学会班级建设、教育信条、教师道德。李筠认为教育自觉是班主任核心素养的第一要义。黄正平指出教育信念是班主任专业化的核心。迟希新认为班主任核心素养应该以育人为旨归。李季则认为心理领导力是班主任的核心素养。

2009年，教育部印发的《中小学班主任工作规定的通知》，对加强中小学班主任工作提出了具体要求，强调班主任工作既是一门科学，也是一门艺术。班主任工作的研究成果也十分丰富，主要集中于以下十方面的成果：班主任工作角色与定位研究、班主任与学校德育工作研究、班主任工作的现状调查研究、班主任队伍建设与管理研究、班主任与班级管理工作研究、班主任与特殊学生教育研究、组织开展主题教育活动研究、班主任与学生交流沟通研究、班主任工作的方法与策略研究。

（五）对上述研究的评价

通过查阅文献分析，与本课题研究相关的成果，从质量上看良莠不齐，重复性研究比较多，创新性不足，研究的方法比较单一，研究的基础比较薄弱；定性分析比较多，定性与定量相结合研究比较少；

感悟性思辨研究比较多，实证分析比较少，导致理论与实践脱节，推进发展的作用不够。

应该加强“核心素养”的实践研究，加强研究者和教育教学行动者的联系沟通，把已有的理论成果和教育教学实践进行结合，在真实的教育背景下进行学生核心素养的培养，并把实践的成果反馈于理论的研究，促进核心素养理论研究的突破。

班主任是学生发展的组织者、领导者和引路人，在学生“核心素养”的培养过程中，班主任应该是重要的一个环节，起到重要的作用，然而查阅文献，班主任如何在新高考背景下培养学生的核心素养这一研究领域的成果还是空白，这也是本课题研究的价值和意义所在。

四、研究价值

为适应新高考，基于高中生核心素养培育，促进班主任班级管理工作而寻找一种可操作的转变途径和策略的理论尝试和实践探索；采用定性与定量、理论与实践、思辨与实证相结合的方式，把新高考、核心素养、班主任工作三方有机结合，促进班主任角色转变，构建新高考背景下班主任培养学生核心素养以适应时代需要的方法体系；以支撑性理论为指导，以优秀实践经验为基础，形成不同层面与本研究相关的基本理论；本研究对深化新高考和学生核心素养研究有一定理论价值。

在研究探索中，使学生、教师、学校能动协调发展，形成适应新高考背景，有利于促进学生核心素养提升的班主任工作有效模式，达到推进班主任工作发展的目的。这项研究，将使学生、教师在三年高中学习生活中，青春绽放，有个性，有尊严，有涵养，有担当，有独立精神，使学生自豪地觉得高中阶段为他们璀璨的人生奠定了坚实的文化基础和精神基础。

第二章　铸造永动机——自主精神

一、追寻核心素养的力量之源

（一）核心素养

《中国学生发展六大核心素养敲定》指出：所谓“学生发展核心素养”，主要是指学生应具备的能够适应终身发展和社会发展需要的必备品格和关键能力。核心素养是关于学生知识、技能、情感、态度、价值观等多方面的综合表现；是每一名学生获得成功生活、适应个人终生发展和社会发展都需要的、不可或缺的共同素养；发展是一个持续终身的过程，可教可学，最初在家庭和学校中培养，随后在一生中不断完善。

正式发布的“中国学生发展核心素养”以科学性、时代性和民族性为基本原则，以培养“全面发展的人”为核心，共分为文化基础、自主发展、社会参与三个方面，综合表现为人文底蕴、科学精神、学会学习、健康生活、责任担当、实践创新6大素养，具体细化为国家认同等18个基本要点：

1. 文化基础

（1）人文底蕴

①人文积淀

重点是：具有古今中外人文领域基本知识和成果的积累；能理解

和掌握人文思想中所蕴含的认识方法和实践方法等。

②人文情怀

重点是：具有以人为本的意识，尊重、维护人的尊严和价值；能关切人的生存、发展和幸福等。

③审美情趣

重点是：具有艺术知识、技能与方法的积累；能理解和尊重文化艺术的多样性，具有发现、感知、欣赏、评价美的意识和基本能力；具有健康的审美价值取向；具有艺术表达和创意表现的兴趣和意识，能在生活中拓展和升华美等。

（2）科学精神

①理性思维

重点是：崇尚真知，能理解和掌握基本的科学原理和方法；尊重事实和证据，有实证意识和严谨的求知态度；逻辑清晰，能运用科学的思维方式认识事物、解决问题、指导行为等。

②批判质疑

重点是：具有问题意识；能独立思考、独立判断；思维缜密，能多角度、辩证地分析问题，做出选择和决定等。

③勇于探究

重点是：具有好奇心和想象力；能不畏困难，有坚持不懈的探索精神；能大胆尝试，积极寻求有效的问题解决方法等。

2. 自主发展

（1）学会学习

①乐学善学

重点是：能正确认识和理解学习的价值，具有积极的学习态度和浓厚的学习兴趣；能养成良好的学习习惯，掌握适合自身的学习方法；能自主学习，具有终身学习的意识和能力等。

②勤于反思

重点是：具有对自己的学习状态进行审视的意识和习惯，善于总结经验；能够根据不同情境和自身实际，选择或调整学习策略和方法等。

③信息意识

重点是：能自觉、有效地获取、评估、鉴别、使用信息；具有数字化生存能力，主动适应“互联网+”等社会信息化发展趋势；具有网络伦理道德与信息安全意识等。

（2）健康生活

①珍爱生命

重点是：理解生命意义和人生价值；具有安全意识与自我保护能力；掌握适合自身的运动方法和技能，养成健康文明的行为习惯和生活方式等。

②健全人格

重点是：具有积极的心理品质，自信自爱，坚韧乐观；有自制力，能调节和管理自己的情绪，具有抗挫折能力等。

③自我管理

重点是：能正确认识与评估自我；依据自身个性和潜质选择适合的发展方向；合理分配和使用时间与精力；具有达成目标的持续行动力等。

3. 社会参与

（1）责任担当

①社会责任

重点是：自尊自律，文明礼貌，诚信友善，宽和待人；孝亲敬长，有感恩之心；热心公益和志愿服务，敬业奉献，具有团队意识和互助精神；能主动作为，履职尽责，对自我和他人负责；能明辨是非，具有规则与法治意识，积极履行公民义务，理性行使公民权利；崇尚自由平等，能维护社会公平正义；热爱并尊重自然，具有绿色生活方式和可持续发展理念及行动等。

②国家认同

重点是：具有国家意识，了解国情历史，认同国民身份，能自觉捍卫国家主权、尊严和利益；具有文化自信，尊重中华民族的优秀文明成果，能传播弘扬中华优秀传统文化和社会主义先进文化；了解中国共产党的历史和光荣传统，具有热爱党、拥护党的意识和行动；理解、接受并自觉践行社会主义核心价值观，具有中国特色社会主义的共同理想，有为实现中华民族伟大复兴中国梦而不懈奋斗的信念和行动。

③国际理解

重点是：具有全球意识和开放的心态，了解人类文明进程和世界发展动态；能尊重世界多元文化的多样性和差异性，积极参与跨文化交流；关注人类面临的全球性挑战，理解人类命运共同体的内涵与价值等。

（2）实践创新

①劳动意识

重点是：尊重劳动，具有积极的劳动态度和良好的劳动习惯；具有动手操作能力，掌握一定的劳动技能；在主动参加的家务劳动、生产劳动、公益活动和社会实践中，具有改进和创新劳动方式、提高劳动效率的意识；具有通过诚实合法劳动创造成功生活的意识和行动等。

②问题解决

重点是：善于发现和提出问题，有解决问题的兴趣和热情；能依据特定情境和具体条件，选择制订合理的解决方案；具有在复杂环境中行动的能力等。

③技术运用

重点是：理解技术与人类文明的有机联系，具有学习掌握技术的兴趣和意愿；具有工程思维，能将创意和方案转化为有形物品或对已有物品进行改进与优化等。

新时期党的教育方针为我们立德树人指明了方向，北京师范大学关于中国学生核心素研究成果为我们明确了立德树人的具体内容。《中国学生发展六大核心素养敲定》一文，指出人文底蕴、科学精神、审美情趣、身心健康、学会学习、实践创新六大素养是孩子在成长中必备的核心素养。六大核心素养，可以说，它是我们党的教育方针的具体化，也是我们父母老师须了然于心，并付诸教育实践的内涵和精神，它是培养孩子成为“全面发展的人”的核心指南。我们认为，要培养全面发展的人，首先是要培养学生的自主精神，因为自主精神是核心素养形成的动力之源。

（二）自主精神及其意义

自主精神是人在面对各种问题时，不受外来因素控制，能积极主动解决问题的能力和心态。自主精神也就是自觉主动意识，换句话说就是角色感，它是人在多元社会关系中的定位意识。

自主精神与一个人的生存状态，价值取向，人生成就密切关联。它是高贵的灵魂殿堂的基石。所有成就大事业大人生的，无一人不具有强烈的自主精神。孔子周游列国宣扬自己的主张“克己复礼”，在周王室日益衰微，诸侯称王称霸的时代，许多人慨叹盛世不再，大势已去，唯有至圣孔子以天下兴亡为己任，这种强烈的家国情怀不难看出源自他强烈的自主精神。同样，从那些经典名著中跃然纸上的风云人物身上，我们也可以悟出自主精神是人生的永动机，是人的一切精神之母。

“青山相待，白云相爱。梦不到紫罗袍共黄金带。一茅斋，野花开，管甚谁家兴废谁成败。陋巷箪瓢亦乐哉。贫，气不改！达，志不改！”这是武林圣手金庸大师笔下风华绝代的黄蓉回答樵夫时所表，曲词洋溢着视富贵如浮云的豪气和隐居山林，无视功名的洒脱。最后一句“贫，气不改！达，志不改！”颇显陶渊明不为五斗米折腰之坚毅，而“陋巷箪瓢亦乐哉”一句，更现颜回居陋巷之淡定。安贫乐道，志节不易，这也是许多高洁之士向往的人生境界。一个人活在世上与其蝇营狗苟于名利，倒不如隐居山林，做个闲云野鹤。

黄蓉是《射雕英雄传》中的女主角，也是《神雕侠侣》中的关键人物。作为桃花岛主“东邪”黄药师与冯衡独生女的她，不仅精通武林闻名的桃花岛武功，还擅长五行八卦阵和奇门遁甲之术。在读者的心中，黄蓉，天赋异禀、艳压群芳、博古通今，多才多艺，琴棋书画样样精通。她纯情，与武林高手郭靖相爱相恋、患难与共，一生一世竭尽全力助夫保家卫国；她清醒，可以说，她是武林圣手金庸大师浓墨重彩塑造的一位最具自主精神的角色。魅力女神黄蓉给我们的启发是什么呢？答案是一个人若富有强烈的自主精神，就不会因环境的变迁而改变自己的心志，同时深知自己居何地，处何位，该干啥。富有自主精神的人，将不会一劳永逸，浅尝辄止，而会与时俱进，海纳百川，成就新我、大我。

二、学生自主精神溯源

从社会属性来看，孩子从呱呱坠地，到牙牙学语，到求学工作，独立生活，在这个过程中，他们会遇见这样一些不可或缺的人：父母、老师、同学。从成长的总趋势来看，孩子自己是主角，其余的都是配角，但这趋势呈曲线发展。

婴幼年时，孩子只有本能的自主意识，什么都不懂，他们是理论上的主角，父母是践行中的主角。从孩子的健康成长出发，父母就不要以自己的意志取代孩子的意志，而应在孩子的一哭一闹，一颦一笑中读懂孩子的诉求，保持他良好的自主天性。孩子体格是否强健，心智是否健康，作为父母，心里都要有一本册。出现不良现象，一定要竭尽全力纠正。

青少年时，孩子的自主意识渐渐苏醒，他们可能诉求不断、与常理相悖、与家境相违、与师长对立，作为师长，我们应好好思考孩子的自主意识是不是有助他心智水平提高，如果可行，就要肯定和包容，就要让孩子在父母和老师的助力中展现靓丽的新我。也就是说师长要愿当配角，要当好配角。

孩子一进校门，不论敏钝，老师第一是定好自己的位：我是老师。孩子求学于自己的门下，我要认可孩子，爱护孩子。要教懂孩子，要教好孩子。聪颖的孩子，要使他们有成长的幸福感、自豪感，愚顽的孩子要使他们放下成长中的包袱，指明他们希望之路。

同学，在孩子的成长中，有年龄相仿的亲近感，有成长背景相似的亲密感，又有角色竞争的背离感，所以它是特殊配角。

一个孩子若能在父母的培养下，在老师的教育下，在同学的帮助下，在自己的自律下，精准定位，那么他就有不俗的人生。“懿其休风，是煦是吹。父子熙熙，相宁以嬉。”健康成长的孩子，他们会与父母相依相随，其乐融融；他们会与老师心心相通。一日之师，终身之父，他们会把老师当作自己的精神父母，敬爱有加。

三、学生自主精神弱化的表现

当在家不知如何对待父母，在校不知如何对待老师的时候，孩子成长的天平就倾斜了，那实际上也是孩子的自主精神弱化了。主要表现是：

（一）秋风草

遇事无主见，别人说这样好，他就会改变自己的主意；别人说那样好，他又茫然无所适从。一旦有了自己的想法，又瞻前顾后、疑神疑鬼、惴惴不安，难一点的事，更是惶惶不可终日。

（二）冬眠虫

百事不问，百事不管，除了吃喝拉撒，其余的都不是他的事。分内事，也拖拉不干，指望别人。他想干的就是吃吃吃，玩玩玩。

（三）乌眼鸡

一有点事，就暴跳如雷，得理不饶人，跟人家争得脸红脖子粗，且记仇。人家一百次有恩于他，他就计较人家那一次不是。

（四）刺猬猫

表面上和和气气，实际上心狠手辣。那些杀父母杀老师杀同学者便是。他们怒从心中起，恶向胆边生，手舞屠刀，不认人。

（五）檐间雀

不分场合，不看对象，不问要求，不管纪律，不讲面子，不顾身份，不想后果，遇事就哇啦哇啦，讲过不停，议过不停，骂过不停，吵过不停，谁来消防都徒劳，还摆出一副常有理的面孔。不打爱相，人见人愁，人见人厌。

（六）俯视鹰

仗着自己有点背景，有点实力，就瞧不起人，他们藐视父母，鄙夷老师，蔑视同学。谁与他往来，都会伤痕累累，尊严受到挑战。一般和这样的孩子打交道，一个字，怕；两个字，不敢。

角色弱化的现象多如牛毛，难以说尽。

假若遇到这样典型角色弱化的孩子，作为家长和老师，我们可能会在心里千万遍拷问自己：我是不是一万年前践踏宇宙之道，摧毁了银河系，竟与这个孽根祸胎打照面？其实，不管我们的孩子如何角色感不强，缺点多多；如何不成器，如何万人厌，但是有一条铁律：时光向前奔涌一万年，回头与他邂逅，关系丝毫没变，我们仍是他们的父母，我们还是他们的老师。由此可见，千万个为什么地拷问，还不如一句话：好好教，盼他变。

四、孩子自主精神弱化的原因

（一）因袭

不孝有三，无后为大。传统思想中没子嗣的人对父母来说是最不孝的，这罪孽不轻呀！于是有母凭子贵，有延续香火等等观念，从人类文明赓续的角度看，这些观点我们不能武断地对它们口诛笔伐。又由于当年国家从资源利用、长远发展等方面考虑，在实施“计划生育”政策的年代里，几乎每个家庭的子女都从原来的三哥四姐变成独子独女，这样一来，众星拱月，孩子自然不贵自贵。孩子成了父母一口气，含在口中怕化，揽在怀中怕凉，外出怕灾，遇事怕累。许多父母见了孩子就像见了“太上皇”：孩子一声吼，父母抖三抖；孩子一白眼，父母不敢喊。

（二）娇惯

据说，一天早上，一位七八十岁的奶奶，带着她的宝贝孙子到店里去吃牛肉面，两人各一大碗热气腾腾，喷喷香香的面条。奶奶细嚼慢咽，七八岁的孙子，狼吞虎咽，没几下，就把牛肉臊子一扫而光，然后长筷一挥伸进奶奶的碗里。旁边的店老板和顾客都好心说道：“小朋友要学会孝敬长辈。”话还没落音，肥头大耳的孙子好像蒙受了奇耻大辱一样，捶胸顿足，号啕大哭。奶奶不顾年迈吼骂：“关你们屁事！”祖孙回家，如此这般，添油加醋，孩子的父母信以为真，一怒之下，砸了好端端的早餐店。在叹惋店老板好心没好报的同时，知道的人谁不为孩子的骄横，长辈的骄纵而咋舌？娇狗爬灶，娇子不孝。溺爱非爱，贻酿灾害，身为父母，应该三思！

五、学生自主精神的培养

（一）言传身教，启好蒙

父母和老师“三观”要正。尊敬自己的父母或者公公、婆婆的家长和老师，育出的孩子学生一般情况下孝尊意识很强。父母、老师的一言一行、兴趣爱好、思想观念、性格习惯都是影响孩子成长这座城堡建设的砖和瓦。孩子的成长城堡是富丽堂皇，还是粗糙不堪，是基实墙牢，还是断瓦颓垣，不只是在乎孩子自身的造化，很大程度上，还在于父母、老师良好启蒙。可以这么说：一般情况下，有什么样的家长和老师，就有什么样的孩子和学生。

历史上这样的例子还不少。北宋嘉祐二年（1057 年），翰林学士欧阳修主持会试，梅尧臣是监考官。他们看了苏轼的试卷，“以为异人”；对苏辙也颇欣赏，“亦以谓不忝其家”，于是，兄弟俩同时考上进士高等。苏轼当时二十二岁，苏辙十九岁。这时欧阳修又特别赞赏苏洵的文章，誉为“孙卿子（古军事家孙武）之书”，并将它献给朝廷。于是，“一日父子隐然名动京师，而苏氏文章遂擅天下。”许多考生，都争读他们的文章，甚至学习他们朴实高古的文风。当时有谚语说：“苏文生，吃菜根；苏文熟，吃羊肉。”意思是精熟“三苏”的文章，就能登科及第，享有富贵。此足见“三苏”文章受世人赞赏的程度。苏东坡兄弟人生成就高，有一个重要的原因，就是启蒙教育做得好，可以说，好父亲育出好儿子，好老师成就好学生。

（二）教懂教会教好，令孩子铭记于心

1. 教好道理

凡事预则立，不预则废。每一个孩子，无论禀赋优劣，他们都应及时有效接受利于他们生存与发展的文明符号，文化概念，社会法则，我们应让孩子懂得：

（1）早起的鸟儿有虫吃。

（2）滴自己的汗，吃自己的饭，自己的事情自己干，靠人，靠天，靠祖非好汉。——陶行知

（3）自力更生，艰苦奋斗。

（4）凡事不积极主动都是对自己生存价值的抹杀。

（5）人生有三错：德不配位，智不胜谋，能不胜任。

（6）身体不好是废品，思想不好是毒品，能力不好是次品；

（7）生命是以时间为单位的，浪费别人的时间等于谋财害命，浪费自己的时间，等于慢性自杀。——鲁迅

（8）今是生活，今是动力，今是行为，今是创作。——李大钊

（9）人生有六大核心素养：人文底蕴、科学精神、审美情趣、身心健康、学会学习、实践创新。

……

2. 富有耐心

孩子理解和接受知识文化、技能技巧、思想精神，甚至学以致用，都难一蹴而就。他们的先天禀赋、个性特征、兴趣爱好、成长背景都可能与我们的施教发生冲突，只是程度不同而已。这就导致了孩子成长的反复性、对抗性以及施教的复杂性和艰巨性、没有耐心、教育难有收效。

如才上学的孩子搞不清十进制和六十进制，认不了“6”“9”，上高中的孩子学古文背诗文困难或添字落句，许多女生数理成绩不理想。这些都是常态，关键是父母老师不能急中生气、气时添乱，而要耐烦发现“敌情”，然后诱导孩子解决。如果耐心教了还不行，我们起码要教给孩子自主、耐心的品质——“人一能之，己百之；人十能之，己千之。果能此道矣，虽愚必明，虽柔必强。”

别人学一次就会了，我如果还不会，就学他一百次；别人学十次就会了，我如果还不会！就学他一千次。如果我们的孩子真能自主耐心去修正自身成长中不完美的自我，即使笨，也会变得聪明，即使再

懦弱也会变得坚强。

成长中的孩子，还可能一根筋。老师教导他时，他不以为然，有时还认为老师很可笑，甚至认为自己错误的东西比人家的东西好一百倍。教这样的孩子不只需要耐得烦，还需要智慧和胆识。

3. 因材施教

懒惰的孩子教之以勤，散漫的孩子教之以绳（规矩），傲慢的孩子教之以谦，懈怠的孩子教之以恒，拘泥的孩子教之以新，愚钝的孩子教之以智，胆怯的孩子教之以勇……无论贤愚、无论贵贱、无论贫富、无论亲疏，只要孩子出现在我们的生命中，作为父母和老师，我们就应该公平公正，满怀爱心教育他们，正确引导他们成人成才。

（三）调动孩子的积极性，让孩子动起手来

研究表明，孩子动手能力的强弱与脑前额叶发育密切相关。脑前额叶支配情绪的控制、自我意识、理性思考、判断与决策能力、长期规划和延迟满足等神经活动，这一控制系统的正常发育成熟主要依靠孩子生活经验的积累，包括尝试和犯错的经验。也就是说培养孩子的动手能力有益于他们脑前额叶的正常发育成熟，有助于孩子展现自我，成就人生。培养动手能力能有效促进孩子操作能力的形成与提高，而提高操作能力，不仅能增强孩子的身体素质，还能提高思维能力，让孩子在阅读、写作和计算方面比动手能力弱的孩子更胜一筹。同时，动手能力强的孩子更容易感受到幸福快乐。当孩子发现自己能凭借自身能力独立在现实生活中完成人们很关注的有意义的事情时，他们会感受到一种发自内心的愉悦，而这种幸福感将成为构建孩子自信心和自主意识的坚实基础。家长有意识地让孩子从小自觉穿衣服、系鞋带、整理书包与课桌、做家务等，可以很好地促进孩子自主意识的形成和孩子思维的发展。在学校可以让学生组织有意义的活动，例如，球赛拉赞助、义卖活动、演讲赛、社会调查、当小先生等。这些活动有利于孩子自主精神的培养。

第三章　打造千斤顶——创新思维

一、创新思维的内涵

朱熹在《活水亭观书有感》中道：

昨夜江边春水生，
艨艟巨舰一毛轻。
向来枉费推移力，
此日中流自在行。

昨夜江边春水大涨，江边一艘搁浅的大船就像一根羽毛一样轻盈地浮在水面上。以往人们花费九牛二虎之力也不能推动它，现在它竟能自由自在地航行。

凭借蛮力推不动艨艟舰，一场春水，令它自在航行。可见，凡事都要讲方法，方法第一。教育孩子也不例外，也要讲方法。

孔子说："不愤不启，不悱不发。"意思是如果不到学生经过思考并有所体会想说却说不出来时就不要急着去点拨他；如果不是在学生经过冥思苦想而又想不通时就不要急着去启发他。孔老师教导我们向学生传授知识技能、思想情感等不能一厢情愿硬灌，而要先让学生积极思考，再适当启发点拨。适时启发，即把握机会，巧用方法。教育方法千千万万，总而言之，培养学生的创新思维能力，这是教育的终南捷径，也是打造卓实教育的千斤顶。

孩子思维能力应随着他们知识的增长而提高，创新思维能力的发展是孩子身心健康成长和思想意识增强、知识水平和能力提高的里程碑。

什么是创新思维？创新思维是指以新颖独创的方法看待问题和解决问题的思维模式。创新思维突破了常规思维的制约，以超常规甚至反常规的方法去看待问题，思考问题，解决问题，从而产生意义非凡的效果。简言之，看问题精准独到、解决问题圆满高效便捷的思维就叫创新思维。

二、创新思维分类

美国心理学家吉尔福特通过因素分析法提出创新思维由发散思维和聚合思维构成，指出发散思维是创新思维的核心。

创新思维是一个由多种思维组成的复合思维，主要有：

（一）逆向思维

一般情况下，我们习惯于教育孩子遵从既有的规则，而不会有创意地来引导孩子思考规则背后的“为什么”，这可能导致孩子和我们中的许多人一样往往很难看到事情的真相和把握事物的本质。如果我们能引导孩子对事情多问一个“为什么”，日积月累，我们的孩子就会明智了。

曾经有一位男孩，他怯生生地对他十分信任的老师说：“老师，我很苦恼。平日里我不敢跟同学往来。”老师非常惊讶：“有什么遭遇吗?”他说：“我担心别人说我‘纵然生得好皮囊，腹内原来草莽’。”哦，原来这位青春帅气的男孩有宝玉之忧。老师问：“假如你连英俊潇洒都没有了，你又会有什么苦恼呢？上天赐予你帅气的容貌，你应该为自己高兴才对。可能你最担心的是学业平平，招人非议。有这个担心，能看出你积极进取。如果你好好从学习态度和学习方法上反省反省，持之以恒，你一定不会有这样的烦恼了。”一席话，让男孩拨云见日。从此摆脱常规思维“人帅书难精”的桎梏，自信地与同学交往，刻苦努力，成绩也突飞猛进。

我们常听同学感慨，某某并不刻苦，可他就是成绩好；某某有好父母等等。对这些问题，我们似乎无能为力解答，但运用逆向思维，回答他们就不困难了。坚持刻苦学习，不仅仅收获好成绩，还会收获好习惯好精神，这些是可传代的。不怎么刻苦但成绩好的孩子可能有过人的天赋，可能有超常的学习方法，我们可以取人之长补己之短。如果我们禀赋不及人，我们就应笨鸟先飞，“人一能之，己百之；人十能之，己千之。”

逆境中，因具有逆向思维而成就非凡的人还不少。

史书记载，明代开国文臣之首宋濂小时候喜欢读书，家里很穷，没钱买书，他便主动向人家借。每次借书，讲好期限，按时还书，从不违约。于是，人们乐意把书借给他。一次，宋濂借到一本书，爱不释手，决定把它抄下来，可是还书的期限快到了，他只好连夜抄书。时值隆冬腊月，滴水成冰。他母亲说：“孩子，都半夜了，这么寒冷，天亮再抄吧。人家又不是等着这本书看。”宋濂说：“人家等不等这本书看是小事，到期限就要还是大事，这是讲信用，也是尊重别人。说话做事若不讲信用，怎么能得到别人的尊重。”

又一次，宋濂要到远处请教一位学者，并约好见面的时间，谁知天公不作美，鹅毛大雪飘飘洒洒。宋濂挑起行李准备上路，母亲好心劝说：“这样的天气怎能出远门呀？恐怕老师那里早已大雪封路了。你一件旧棉袄，也抵御不住深山的严寒啊！”宋濂二话没说，冒着风雪出了门。到达老师家里时，他已变成了雪人，老师感动地说：“年轻人，积极主动，诚信好学，必有出息！”

“不管人家等不等这本书看，到期限就要还，这是个信用问题，也是尊重别人的表现。如果说话做事不讲信用，失信于人，怎么可能得到别人的尊重。”这就是宋濂很了不起的逆势思维，顺着这种思维，他刻苦践行，成就学业，也成就了他明代开国重臣大写的人生。

因替李陵败降之事辩解而受宫刑的司马迁，更是巧用逆向思维的大家。

天汉二年（公元前99年），汉武帝想派李陵为出师酒泉击匈奴右贤王的贰师将军李广利护送辎重，李陵婉言谢绝，却请求率步兵五千长驱单于的老巢，书写以寡击众，以少胜多的军事传奇，武帝赞赏李陵的勇气并答应了他。然而，理想很丰满，现实却骨感，李陵行至浚稽山时却遭遇匈奴单于之兵狙击，汉将路博德的援兵不知什么原因迟迟未到，匈奴兵却里三层外三层将他们团团围住，弹尽粮绝之时，李陵无奈降敌。武帝非常愤怒，群臣个个声讨李陵，唯有司马迁说：“李陵是‘飞将军’李广的后代，侍奉亲人孝敬，与士人往来诚信，素来怀着报国之心。他只领了五千步兵，吸引了匈奴全部的力量，杀敌一万多，虽然战败降敌，其功可以抵过，我看李陵并非真心降敌，他是借活下来找机会回报汉朝。”然而，随着公孙敖迎李陵没成功，谎报李陵为匈奴练兵以期反击汉朝之后，汉武帝杀了李陵一家，而司马迁也以“欲沮贰师，为陵游说”（想诬蔑国舅，为李陵辩护），被定为诬罔罪名。诬罔之罪为大不敬之罪，按法律当斩首或施宫刑。遭受宫刑，虽然在常人看来，这是男人的奇耻大辱，更何况身为太史令的司马迁，但是逆势思维救了司马迁：如果我不接受宫刑而去死，我就不能完成曾为太史公的父亲司马谈的遗命。

《汉书·司马迁传》记载：“是岁，天子始建汉家之封，而太史公留滞周南，不得与从事，发愤且卒。而子迁适反，见父于河、洛之间。太史公执迁手而泣曰：‘予先，周室之太史也。自上世尝显功名虞、夏，典天官事。后世中衰，绝于予乎？汝复为太史，则续吾祖矣。今天子接千岁之统，封泰山，而予不得从行，是命也夫！命也夫！予死，尔必为太史；为太史，毋忘吾所欲论著矣。且夫孝，始于事亲，中于事君，终于立身；扬名于后世，以显父母，此孝之大也。夫天下称周公，言其能论歌文、武之德，宣周、召之风，达大王、王季思虑，爰及公刘，以尊后稷也。幽、厉之后，王道缺，礼乐衰，孔子修旧起废，论《诗》《书》，作《春秋》，则学者至今则之。自获麟以来四百有余岁，而诸侯相兼，史记放绝。今汉兴，海内一统，明主贤君，忠臣义士，予为太史而不论载，废天下之文，予甚惧焉，尔其念哉！’迁俯首流涕曰：‘小子不敏，请悉论先人所次旧闻，不敢阙。’卒三岁，而迁为太史令，䌷史记石室金鐀之书。”

(M. https://so. gushiwen. cn/guwen/bookv_3813. aspx)

这一年，汉武帝开始举行汉朝的封禅典礼，太史公滞留在周南，没有跟随汉武帝前往，内心愤懑，气得将要死了。正好他儿子司马迁出使返回，在河、洛之间拜见了他父亲，太史公司马谈抓着司马迁的手流着泪说：“我们的祖先，是周朝的太史。远在上古虞舜夏禹时就有显赫的功名，主管天文工作。后来衰落了，难道这事业要断送在我这里吗？你继续做太史，就可以继承我们祖先的事业了。如今天子继承汉朝千年一统的大业，到泰山封禅，而我不能随行，这是命中注定的啊！我死以后，你一定会做太史；做了太史，你千万不要忘记我要编写的著作。况且孝，是从侍奉双亲开始的，中间经过侍奉君主，最终能够在社会上立足，扬名于后世，光耀父母，这是孝中最重要的。天下称颂周公，是说他能够歌颂周文王、武王的功德，宣扬周、召的遗风，使人懂得周太王、王季的思想以及公刘的功业，以使始祖后稷受到尊崇。周幽王、厉王以后，王道衰落，礼乐败坏，孔子研究、整理原有的文献典籍，振兴被废弃了的王道和礼乐。整理《诗》《书》，著作《春秋》，直到今天，学者们仍以此为法则。从鲁哀公获麟到现在四百多年了，其间诸侯兼并混战，史书丢散、记载中断。如今汉朝兴起，海内统一，贤明的君主，忠义的臣子的事迹，我作为太史而不予评论记载，中断了国家的历史文献，对此我感到十分不安，你一定要记在心里啊！”司马迁低下头流着泪说："我虽然不聪明，但一定把父亲编纂历史的梦想实现，不敢有丝毫的懈怠。"太史公死后三年，司马迁作了太史令，他阅读和摘抄了石室金柜收藏的图书档案。

（M. http://wyw. 5156edu. com/html/z6463m3099j5660. html）

司马迁跳出受宫刑乃男人的奇耻大辱的常规思维，逆势思考，他忍辱负重活下来，阅读和摘抄石室金柜的图书档案，游历名山大川，遍访遗闻轶事，历时 14 年，写成了被一代文豪鲁迅先生称作"史家之绝唱，无韵之《离骚》"的《史记》，成为中华民族历史天空中一颗光辉灿烂的恒星。

其实，我们也可以启发孩子跳出定式思维，逆向思考学业与人生。

那些在自主与发展方面不能有效管理自己的学习和生活，不能认识和发现自我价值、发掘自身潜力，不能有效应对复杂多变的环境、成就出彩人生，不能发展成为有明确人生方向而过分依赖父母的孩子，我们应引导他们逆势思考；如果有朝一日父母成为古人，自己没有父母，没有一点独立自觉精神，自己怎么活下去呢？

（二）目标思维

迪斯雷利说："成功的奥秘在于目标的坚定。"有人说，活着一天，就是有福气，就该珍惜。当我哭泣自己没有鞋子穿的时候，却发现有人没有脚。"不可能"只存在于蠢人的词典里。在教育孩子时，如果能很好地点拨孩子确立长远而正确的目标，我们就没有误人子弟的负疚感。当孩子有了成长目标时，我们要激励他们对待自己的目标像对待誓言一样笃定。在孩子日常承诺中，我们要帮助孩子养成出色完成任务的好习惯。为了实现长远的目标，我们要帮助孩子做出计划，订好步骤，让他们的目标更明确，更切合他们自身实际。

有位富二代凭父母的实力进了高手如林的示范性中学。平常还没什么，一到考试，她就痛苦万分，每科不及格的成绩，就像一把把解剖刀将她的尊严肢解。作为老师，我们不只是有针对性地找她谈话，同时还教她订了一个可行的目标，让她知道自己该怎么做。例如提高语文成绩，首先语文老师鼓励她好好背课文，课文不能一气呵成背完，就让她各个击破，一段一段背，让她在完成目标的过程中发现自己的长处，找到成长的自信。持之以恒践行，一个学期后，她觉得自己思想素养，学业成绩都提高了。

一个孩子如果有人生目标，就会乐学善学、勤于反思、充满信心，就会积极认识自我、发展身心、规划人生，就会珍爱自己的生命、健全自己的人格、很出色地进行自我管理。

（三）孙武思维

“知己知彼，百战不殆。”这是古代著名的军事家孙武军事思想的核心。既了解自己，又了解对方，这种处事思维，常常优势尽显。许多优秀的孩子每到一个新地方，就会这里走走那里看看，很快就适应了新环境。成长中他们知道自己哪些科基础薄弱，哪位同学哪一科最出色，但有的孩子，就缺少这种思维，有的连任课老师姓甚名谁都不知道，真有点闭目塞听。这种封闭思维很容易导致孩子内向抑郁，找不到快乐成长的方向。因此，凡接新生，我们第一件事是记住学生的名字；第二，不要轻易给学生下马威，让他们没有归属感；第三，要让学生对新环境有基本的了解；第四，教学生学习新学科的方法。同时，了解各班的基本情况，也要让他们了解自己在班中的优势和劣势，指明他们成长的方向。

（四）独立思维

简单地说，独立思维就是遇到问题要自己想办法解决，而不是急于求助别人的做法。从深的层面而言，独立思维是指发现问题，解决问题的一种洞察力。就是遇到问题，要用一种全新的敏锐的眼光去发现问题、解决问题。

当今的孩子，许多都缺乏独立思维，凡事依赖父母的现象很严重，难独当一面。因此，我们教孩子时，凡事不要急于给他们现成的答案，要让他们探索，独立实践。有一年学考前夕，有位男生理科成绩差劲，又不主动学习，课堂上睡得口流涎。任课老师急得像火中的小猴，情急之下，喊喊催催，不生效，不得不激将，男生不服气，与老师对着干，谁知，推推搡搡中老师不小心撞中他的嘴，顿时，他鲜血直流。一场师生闹的事件，在众目睽睽中升级了，每个人的心里似乎都在翻江倒海。年轻的老师也失控了。黑云压城城欲摧，山雨欲来风满楼，校园弥漫着不安的空气。在班主任不能马上到场的情况下，三位同学不约而同站出来，一个打电话通知家长，一个跑向年级部报告情况，一个将男生安抚，然后三人一起将男生送进医院。事后，家长告诉班主任说："老师，你们的学生真不错，他们告诉我说孩子生病了。生病了与被撞了，几个字的区别，效果大不相同。"班主任后来表扬了学生处理偶发事件很有见解。几个学生笑着说："平常老师就是这样教的，什么事都要求我们找到最好的方法。"

不包办，不拘泥，将舞台留给孩子，我们的孩子才有长足发展的空间。平常很多父母感慨：妈会读书，爸也会读书，生的孩子怎么读书不咋地，实际上，是孩子的心智没成熟，缺乏独立思维，没真正成长罢了。

独立思维，是一种创新能力。教师如果能有效地引导孩子崇尚真知、理解和掌握基本的科学原理和方法，尊重事实、独立思考、独立判断，思维缜密而辩证地分析问题，做出正确选择和决定，能胜不骄败不馁，坚持不懈地大胆尝试，积极寻求有效解决问题的方法等，那么我们教育的孩子将成正才大才。

（五）系统思维

系统思维是用全局的眼光审视多样化的世界，将某一单个元素放在系统中实现新的整合，以实现整体大于个体之和的思维。其关键是抓住整体，抓住要害，采取灵活有效的方法解决问题。客观事物是相互联系、发展变化的有机整体，教师和家长若能高效培养孩子的系统思维，引导孩子全面认识外界事物，那么孩子就不会顾此失彼，无论干什么事都能高屋建瓴，着眼全局，注重整体效益，就可以游刃有余对待各种复杂的事情，成为人生的大赢家。

田忌赛马就是成功运用系统思维的典范，我们不妨揣摩揣摩。

《史记》记载："齐使者如梁，孙膑以刑徒阴见，说齐使。齐使以为奇，窃载与之齐。齐将田忌善而客待之。忌数与齐诸公子驰逐重射。孙子见其马足不甚相远，马有上、中、下辈。于是孙子谓田忌曰：'君弟重射，臣能令君胜。'田忌信然之，与王及诸公子逐射千金。及临质，孙子曰：'今以君之下驷与彼上驷，取君上驷与彼中驷，取君中驷与彼下驷。'既驰三辈毕，而田忌一不胜而再胜，卒得王千金。于是忌进孙子于威王。威王问兵法，遂以为师。"

齐国使者出使大梁，孙膑以囚徒的身份秘密拜见他们，游说齐国使者。齐国使者觉得孙膑是个奇才，就偷偷地把他载回齐国。齐国将军田忌非常赏识他，待如上宾。田忌经常与齐王和众公子赛马，拿重金作赌注。孙膑发现参赛的马分为上、中、下三等，其实他们的马脚力都差不多，于是对田忌说："您只管下大赌注，我能让您取胜。"田忌非常信任他，与齐王和各位公子用千金来作赌注。比赛即将开始，孙膑说："现在用您的下等马对付他们的上等马，用您的上等马对付他们的中等马，用您的中等马对付他们的下等马。"三场比赛结束后，田忌一场败而两场胜，最终赢得齐王的千金赌注，齐王询问他获胜的原因，田忌于是把孙膑推荐给齐威王。齐威王向孙膑请教了兵法，孙膑说得头头是道，令齐王佩服得五体投地，把他当成老师。

孙膑助田忌获胜的关键是系统考虑如何获胜。用己方的下等马赛对方的上等马可谓奇招，再系统思考中下对，上中对，自然胜券在握。

（M. https://www.gswen.cn/compose/4587.html）

孩子健康成长，也是一个系统工程，它可分为身体健康、思想情感、学业成绩、能力素养等部分，缺一不可。而我们的孩子，在日常成长中很少有人具有这种思维。经常可见厌学的孩子。他们不听课，课上睡觉，讲小话，上甲课做乙事等等。他们没想到这样浪费时光的后果是一系列的后遗症。父母伤心，老师担心，自己痛心，同学闹心，熟人冷心。更有甚者是自己有一天幡然悔悟而悔之晚矣，再怎么着，也不是那青春年少的纯粹味道了。再说偏科的学生，几乎不懂系统思维，他没想到每一科在求学这个大系统中的重要性，所以学功课率性而为，想学的就痴迷地学，不想学的就视如仇人。如果我们家长老师在孩子成长的每一个细微的事情中，能有意识让孩子知道他的一举一动、一言一行对将来的自己很重要，对家庭很重要，对社会很重要，对他人很重要，他们一定要学会系统全面去把握自己，这样我们的孩子，就不会鲁莽行事，就不会以自我为中心。

（六）移植思维

据说火车刚发明时，制动器力量很小，紧急情况之下，常刹不住车，重大的交通事故因此频发。美国有位叫作乔治的人，他目睹了惨烈的车祸，心灵被震痛，于是决心发明一种力量更大的火车制动器。一天，乔治从当地的报纸上看到用压缩空气的巨大压力开凿隧道的报道，他豁然开朗：压缩空气可以劈石钻洞，为什么不可以用它来制造火车制动器呢？反复试验之后，22 岁的乔治终于发明了世界上第一台压缩空气制动器，解决了火车制动器力量小的难题，给成千上万的旅客带来福音。

英国科学家贝弗里奇说："移植思维是科学发展的一种重要的思维方法，大多数发现都可应用于所在领域以外的范畴里，而应用新领域时往往促成新发现。重大的科学成果来自移植。"

怎样培养学生的移植思维呢？关键是实践、积累、实践、创新。曾以《赤兔之死》夺得2003届语文高考作文头筹（满分60分）的上海考生蒋昕捷听《三国演义》评书十多遍，耳熟能详，所以关羽之忠让他巧妙移植到高考作文中，成就了语文高考史上的一段传奇。

（七）辩证思维

辩证思维是指从变化发展的角度认识事物的方式。在逻辑思维中，事物一般是"非此即彼""非真即假"，而在辩证思维中，事物可以同时"亦此亦彼""亦真亦假"而无碍思维活动。

辩证思维是一种世界观。世间万事万物互相联系，互相影响，而辩证思维正是从世间万事万物联系出发，认识和感知世界，最终得出某种结论。其核心是以动态发展的眼光来看问题。发展观、对立统一规律、质量互变规律和否定之否定规律是辩证思维不可或缺的要素。

从古到今，世间许许多多的事物都充满辩证性。

古希腊神话记载，地球形成之初，本来没有火种，人类生活困苦不堪。没有火烧烤食物，先民只好吃生的食物；没有火来照明，先民只好在无边的黑暗中度过一个又一个漫长的夜晚；天寒地冻，没有火取暖，先民只得在凛冽的冬天瑟缩。众神之王宙斯看在眼里，痛在心里，决定把火种赐给人类，但是他要求人类必须用一头牛来做献祭。可是人类物质匮乏，难以满足宙斯苛刻的要求，在众人一筹莫展时，普罗米修斯想出一个妙计，给宙斯献祭的时候，普罗米修斯给宙斯的牛被分成两部分：第一部分是生的牛肉，但没有牛皮；第二部分是皮包着骨头，但是浇上了喷香的牛油。宙斯一眼就识破了普罗米修斯的把戏，生气地说："我拒绝把最重要的东西给投机取巧的人类，那就是火!”

普罗米修斯为了给人类造福，就冒着生命危险，从太阳神阿波罗那里偷走了一个火种。有一天，天神宙斯发现人间炊烟袅袅，莫名惊诧，下令追查是谁盗走了天火。当他得知是普罗米修斯触犯了天条，便大发雷霆，决定要狠狠惩罚他，但是火神赫淮斯托斯很敬佩普罗米修斯的悲悯情怀，诚挚地对他说：“只要你向天神宙斯承认错误，归还火种，我一定请求宙斯饶恕你。”普罗米修斯摇摇头，斩钉截铁地说：“为人类造福，有什么错！我宁可忍受各种痛苦，也决不承认错误，更不会归还火种!”

火神不敢违背宙斯的命令，只好用一条永远也挣不断的铁链把普罗米修斯束缚在高加索山一个陡峭的悬崖上。从此，他永远不能入睡，疲惫的双膝也不能弯曲，他宽厚的胸脯上钉着一颗金钢钉子，他忍受着饥饿、风吹雨打和日晒霜冻。哪怕是这样，天神宙斯还不解恨，又命令一只嗜血苍鹰，每天不停啄食他的肝脏。可是，每当嗜血之鹰啄食以后，他的肝脏又会奇迹般地复原。他忍受着常人难以想象的痛苦，可他毫不后悔，也决不屈服。

有一天，赫拉克勒斯为寻找赫斯珀里得斯所看守的金苹果树来到这里。他看到恶鹰在啄食可怜而伟大的普罗米修斯的肝脏，痛苦、悲悯、钦佩等感情油然而生，于是，他毫不犹豫地取出弓箭，把那只残忍的恶鹰从这位苦难者的肝脏旁一箭射落。然后他松开锁链，解救了普罗米修斯，带他离开了那个痛苦但见证着伟大与不朽的山崖。为了满足宙斯的条件，赫拉克勒斯把半人半马的肯陶洛斯族的喀戎作为替身留在悬崖上。虽然可以谋求永生，但为了解救普罗米修斯，他甘愿献出自己的生命。

最后，普罗米修斯终于获得了自由。

普罗米修斯不惜牺牲自己为苦难的人类盗火种，在人类看来值得大书特书；在宙斯看来，应严惩不贷。这就是事物的辩证性。

置之死地而后生。骄兵必败。成熟的麦穗总垂头。花无百日红。世上没有不散的筵席。敬人敬己。无风不起浪。无冥冥之志，无昭昭之明，无惛惛之事者无赫赫之功……都可见辩证性。

平日总有孩子抱怨父母不公、老师偏心，有时，教师凭良心做事，费力不讨好，到头来功劳苦劳全得不到认可。为什么，因为我们没有教孩子辩证地看待我们施与的教育。如个别留补作业，很多尽职尽责的老师放学后留孩子做作业，可能张灯时分了还没回家，家长担心，找到学校来了。家长一肚子火，老师也不服气，孩子也怨恨，老师里外不是人。这个事情要做到功德圆满，皆大欢喜，首先老师要教学生辩证地看待留校。留校补做作业，是一种学习，不丑；老师陪做是一种爱。孩子有了这些认识，自然会感激老师，孩子乐意的事，家长绝不会唱反调。所以很多人感慨家长不通理。其实是孩子不懂理。若要孩子明理，我们就应教给孩子辩证思维，引导他们辩证地看问题。

（八）推理思维

中国古代笑话集《雅谑》记载，有个人的母亲，迷信佛，一天到晚念“南无阿弥陀佛”。于是有一天，这个人一早起来便喊：“妈！”母亲答应了他。过一会他又喊：“妈！”母亲又答应了他。可这个人还是没完没了地喊。母亲终于被喊烦了，便没好气地说：“不在！不在！你烦不烦呀？”这个人笑着说：“我才喊了您几声，您就不高兴了。那阿弥陀佛每天不知被您喊多少遍，不知他该怎样发脾气呢！”这个人以母亲不胜其烦类推菩萨也会不胜其烦，从而劝母亲笃信可以，但不要沉迷。

日常生活中很多孩子沉迷于自己的嗜好、玩物丧志，把自己应有的文化学习、思想修养、独立精神忘得一干二净，如果我们能从实际出发，教育他们运用推理思维规划人生，孩子可能不会有遗憾或少遗憾，我们也可无愧于心。

(1) 像着迷打网游一样去学习自己弱势的文化科目，我的学习道路上还会有拦路虎吗？

(2) 像踢球一样疯狂地去追逐自己正确而远大的人生目标，我的人生会是什么模样？

(3) 像抛弃某一厌物一样抛弃自身的坏脾气，坏习惯，我的个人修养将会达到什么境界呢？

(九) 拉哥尼亚思维

简练才是真正的丰富，只有最简洁的东西才具有最大的概括性和想象空间，也才最符合“拉哥尼亚”思维法则。

拉哥尼亚是古希腊南部的一个王国。据说公元 4 世纪时，所向披靡的马其顿国王菲利普二世，向拉哥尼亚都城斯巴达发起猛攻，并给四面楚歌的城邦国王送去一封信，信中毫不客气地说：“If we capture your city we will burn it to the ground”（假如我们攻占城池，必将把它夷为平地）。不多久，菲利普收到回信，上面只有一个词：“If”（假如）。所有的人都知道后来发生了什么样的情况。直到今天，我们有了广泛使用的一个形容词“Laconia”，词义是“言简意赅”。凡是达到这种境界的思维就被之为“拉哥尼亚思维”。

老子说：“道生一，一生二，二生三，三生万物。万物负阴而抱阳，冲气以为和。”意思是：道生于一，一是太极；一生二，二是阴阳；二生三，三是阴阳结合；三生万物，万物是万事万物。道本是无比深奥的东西，但老子用一二三就阐明了其中的奥秘，可谓言简意赅。如果没了这种简练，人们对道的认识将如坠十里烟雾，云里雾里，不知道为何物。

据说，20 世纪 80 年代末，广州曾举办过一次全国服装设计大赛，其中绝大多数参赛作品都为追求豪华、气派、新潮，不惜浓墨重彩、精雕细刻，但令所有参赛者大脑爆炸的是，全场唯一获得金奖的作品，竟是一个最简单的制作。设计者将一块漂亮的布料挖三个洞，分别套进头和手臂，再用根彩带拦腰一扎，就是一条裙子。小女孩穿上这条裙子简直就是“出水芙蓉”，简练至极又风华绝代，裙子的设计，匠心独运，不夺魁才怪。

教孩子拉哥尼亚思维，实际是教孩子善于取舍。在成绩面前不要骄傲自满，在困难面前不要畏葸不前，在复杂的成长背景中，凡是不利于孩子健康发展的东西我们都要引导他们正确取舍、学会释放、轻装上阵，健康成长成才。

2004 年高考，某市文科状元董同学，高一才入校就心事沉沉，班主任老师察言观色，试着和她谈话。董某先伤心地抽咽了很久，在班主任老师的导引下，她才道出苦衷。她来自很偏远的农村，父母生了她和姐姐，奶奶重男轻女，很不喜欢她们姐妹，她在长辈的歧视与叹息中走进一中。老师唏嘘再三，问：“你听过缇萦救父的故事吗?”她摇摇头。

文帝四年，大商人仗势向官府恶告了淳于意一状，说他错治了病。当地的官吏判他切断肢体的“肉刑”，要把他押解到长安去受刑。淳于意有 5 个女儿。他被押离开家的时候，望着女儿们叹气，说：“唉，可惜我没有男孩，遇到急难时，连个帮手也找不到。”几个女儿都低着头伤心得直哭，只有最小的女儿缇萦又是悲伤，又是生气。她想：“为什么女儿偏没有用呢?”她提出要陪父亲一起上长安去，家里人再三劝阻她也没有用。缇萦到了长安，托人写了一封奏章，到宫门口递给守门的人。汉文帝接到奏章，知道上书的是个小姑娘，倒很重视。那奏章上写着：“我叫淳于缇萦，是太仓令淳于意的小女儿。我父亲给国家当差的时候，齐国的人都说他廉洁正直。现在他犯法获罪，按律当处以肉刑。我不只为父亲难过，也为所有受肉刑的人伤心。一个人砍去脚就成了残废，以后就是想改过自新，也没有办法拥有健全的身体了。我情愿没入官府作奴婢，用身体来替父亲赎罪，好让他有个改过自新的机会。”汉文帝看了信，十分同情这个小姑娘，于是正式下令废除肉刑。

事后，班主任老师说：“性别不影响前途，你要放下包袱，努力拼搏，成为你家的顶梁柱。”从此以后，董同学阳光灿烂，高一期末成绩骄人。进入北大前，董同学和几位同学一道来看望班主任，她还讲到那个小故事。

困难算什么，挫折算什么，失败算什么，打击算什么，流言算什么，“而今迈步从头越”，只要还活着，就是最大的东山再起的资本。

（十）哥伦布思维

想了就会干，要干就干好。这是哥伦布思维的可贵之处。自古成功自有道，这个道，就是敢为人先，敢为天下先，敢想敢说敢干。

史载，1492 年，哥伦布发现了新大陆。从海上凯旋，他成了西班牙人民心目中最伟大的英雄。国王和王后也对他格外垂青，把他当作王宫的上宾，封他做海军上将。可是有些眼红的贵族十分瞧不起他。他们用鼻子一哼，说：“这有什么稀罕？只要坐船出海，谁都会到那破地方的。”在一次宴会上，哥伦布又听见有人在喋喋不休地讥笑他了。“上帝创造世界的时候，不是就创造了大海西边那块陆地吗？发现了，又算得了什么！”哥伦布听了，沉默了好一会儿，然后镇定地从盘子里拿个鸡蛋，从容地站了起来，不慌不忙地提出一个令人瞠目结舌的问题：“女士们，先生们，谁能把这个鸡蛋竖起来？”然后将鸡蛋从这个人手上传到那个人手上，大家都把鸡蛋扶直了，可是一放手，鸡蛋立刻倒了。最后，鸡蛋从尴尬的人们手里回到哥伦布手上。满屋子鸦雀无声，大家都要看他怎样把鸡蛋竖起来。哥伦布不慌不忙，把鸡蛋的一头在桌上轻轻一敲，敲破了一点儿壳，鸡蛋就稳稳地直立在桌子上了。

“这有什么稀罕？”宾客们又嘲笑起哥伦布来了。“本来就没有什么可稀罕的，”哥伦布说，“可是你们为什么做不到呢？”宾客们一个个强词夺理：“鸡蛋都破了，那算什么呢？”哥伦布镇定自若：“我曾说过不允许把鸡蛋敲破？”哥伦布含笑离席，还留下了一句令人回味的话：“我能想到你们想不到的，这就是我胜过你们的地方。”宾客们一时哑口无言。

哥伦布岂止是想到了别人没想到到的？他还做到了别人做不到的事。他就是敢想敢做的楷模！教育孩子时，我们也要不失时机地鼓励孩子敢想敢说敢干，不要做空想家，不要做“说”的巨人，“行”的矮子。

（十一）立体思维

立体思维也称“多元思维”“全方位思维”“整体思维”“空间思维”或“多维型思维”，也就是要把问题想透，要把事情看透，要把可能出现的情况，可作的准备，可运用的方法都想清楚，做到进可以攻，退可以守，使自己立于不败之地。

没有立体思维，你将会被这个世界抛弃，因为你赚钱的速度很难赶上印钞的速度。我们来分享一下老掉牙的财富小故事：

一

“你是砍柴的，他是放羊的，你和他聊了一天，他的羊吃饱了，你的柴呢？砍柴的陪不起放羊的……”

“砍柴的陪不起放羊的”，这是很普通的“点”思维，也是常规思维，它仅从目前出发，考虑自身微利。

二

“砍柴人陪放羊人聊了一天，表面上他一无所获，但是砍柴人通过与放羊人聊天，知道了哪个山的柴多，哪个山的路好走，哪个山布满荆棘，第二天收获多多回家了。”

“第二天收获多多回家了”这是辩证思维，它是“点”思维的突破。

三

“你是砍柴的，他是放羊的，你和他聊了一天，如是你学会了放羊技巧，原来羊是这么放的，他学会了砍柴技能，原来柴要这样砍。”

互相学习，这是发散思维，二者进行有效沟通，信息量增多，眼界大开。

四

“你是砍柴的，他是放羊的，你和他聊了一天，他决定把他的羊跟你的柴交换，于是你有了羊，他也有了柴。”

彼此交易，互相成全，双赢，视角拓展。

五

“你是砍柴的，他是放羊的，你和他聊了一天，他把他买羊的客户介绍给了你，你把你买柴的客户介绍给了他，于是你们各自的生意越做越大。”

彼此帮助，锦上添花。

六

“你是砍柴的，他是放羊的，你和他聊了一天，你们决定合作一起开个烤全羊店，你的柴烤出来的羊很美味，他的羊纯天然的，几年后你们公司上市了。”

合作，相得益彰，共赢共享，已入佳境。

面对同一件事物，心态不一样，思维方式不一样，结果就会不一样。

（十二）洛克菲勒思维

时时求主动，处处占先机，以最小的代价，求得利益最大化，这就是洛克菲勒思维的核心。

一天，一位衣冠楚楚的先生走进一家银行，来到贵宾室，文质彬彬地坐下来。“请问先生，您有什么事情需要我们效劳吗?”这天，恰好逢上银行经理亲自接待，他一边热情招呼，一边上上下下打量着来客，只见那人：西服是大牌的，皮鞋是高档的，手表很名贵，领带夹上还镶着蓝宝石……

“我想贷点款。”那人说。

“完全可以，您想贷多少呢?”经理笑脸可掬。

“1美元。”那位先生不动声色地说。

“1美元?”经理惊愕得张大了嘴巴。

“我只需要1美元。可以吗?”那人彬彬有礼。

经理的脑子立刻高速运转起来：这个人穿戴如此豪阔，为什么只借1美元呢?是否，他是在试探我们的工作质量和服务效率?于是，经理和和气气说：

“当然，只要有担保，无论借多少，我们都可以照办。”

“好吧。”那位先生从豪华的皮包里取出一大堆股票、国债、债券等放在经理的办公桌上：“这些做担保可以吗?”

经理清点了一下，“先生，总共50万美元，做担保足够了，不过先生，您真的只借1美元吗?”

“是的，我只需要1美元。”那人严肃认真地说。

“好吧，到那边办手续吧。年息为6%的利息，一年后归还，我们就把这些股票和作保的证券还给您……”经理毕恭毕敬地说。

“谢谢……”那人办理完手续，便准备离去。

经理觉得这人很奇怪，就追问说：“对不起，先生，可以问您一个问题吗?”

“你想问什么?”

“我实在弄不懂，你拥有50万美元的家当，为什么只借1美元?”

“好吧，既然你如此热情，我不妨把实情告诉你。我到这儿来，是想办一件事情，可是随身携带的这些票券很碍事，我问过几家金库，要租他们的保险箱，租金都很昂贵，我知道贵行的保安很好，所以嘛，就将这些东西以担保的形式寄存在贵行了，由你替我保管，我还有什么不放心呢！况且利息很便宜，存一年才不过6美分……”

经理恍然大悟，他十分钦佩这位先生的做法。

这位先生，就是大名鼎鼎的美国大企业家洛克菲勒。

（p://www.360doc.com/content/18/0426/20/33036820）

一支曲别针，换取一座别墅……这不是神话，这传奇故事的主人公，是一位年轻的美国人，整个事情的经过是这样的：最初，这个颇有思想的小伙子，他将一支超大号曲别针美饰之后，通过互联网，从欧洲的一位小姐手中，换来了一支钢笔，然后，他又用这支钢笔，在网上换来价值更大一点儿的东西——如此不断运作，手中握有的筹码不断增大，到后期，他将一位作曲家新写的一首歌弄到手，不久，他在网上遇上一位寻求好曲子的歌手，那人急于成名，就用他的别墅，跟这位挺能折腾的小伙子，达成一笔双赢的交易——这个置换高手，这回算是心满意足了。

这个会折腾的小伙子是巧用洛克菲克思维，出奇制胜，以少胜多的高手。

（十三）整零思维

三国时期的一个小故事很好地诠释了整零思维：据说，有一次曹操心血来潮，想要知道一头大象的体重。于是，他召集部下，让他们必须想出一个完美的“称象”方案。这下可把部下们急坏了，世界上哪里会有那么大的秤呢？这时候，曹操的小儿子曹冲站了出来，他说：“我有一个好办法，可以称出大象的重量。”所有人都望着小曹冲，小曹冲说：“很简单啊！只要先将大象装上船，在船吃水深度的地方做上标记；然后将大象牵下船，往船里装石头，直到船吃水的深度达到标记的位置，这表明船上的石头和大象的重量是一样的；最后再分多次称出石头的重量，将这些重量相加不就是大象的重量了吗?”

在现实生活中，面对“巨大问题”，不知道如何解决时，就应试着运用整零思维，将大问题分解为小问题，再逐一去解决。有很多事情我们都可以用整零思维，比如现在正在做的事情，一定都是一件更大的事情的分解。想要完成一天的工作，需要从一天的小事开始。把大的任务分解成很多可以顺利完成的小任务。

简单来说，整零思维就是一种“化大为小”“化整为零”的思维方法，它需要将大的目标分解成小的目标，然后逐一攻破。例如学业是一大的工程，看上去摸不着头，深不见底，但是只要一字一字地学，一题一题地做，一课一课地听，一场一场地考，每一个细节都不落下，学思结合，学以致用，最后就集成了知识的大山大海。教学生整零思维，启发他们将点滴践行与高远目标结合，如果他们能很好运用，说不定学习起来就有辙了。

（十四）多米诺思维

当我们回忆一些事情的时候，常常会发现许多事情具有多米诺思维的特点。所谓多米诺思维就是量变引起质变的道理。在这个世界上，我们不可以忽视任何一个微小的事物，往往一个微小的事物就可能改变整个大局。

多米诺骨牌呈长方形，将它们按适当距离排列，然后推倒第一张，该骨牌倒下的时候就会撞倒第二张，接着第二张又会撞倒第三张，很快，一整排骨牌都被撞倒了，这就是“多米诺骨牌效应”。然而，多米诺骨牌效应更加惊人、更加神奇的威力却是一种隐蔽的“微量放大程序”。

多米诺骨牌效应不仅是思维过程中的简单假设，更是生活中每日每时都在进行着的真实，与此相应的另一个名称是广为流传的“蝴蝶效应”。

当年，美国一家报纸曾刊登了一则园艺所重金悬赏征求纯白金盏花的启事，在当地引起轰动，一时，那高额的奖金让无数人为之心动而跃跃欲试，但在千姿百态的大自然中，金盏花除了金色的，就是棕色的，能培植出白色的，绝非易事。所以，许多人在一阵冲动之后，就把那则启事抛到了九霄云外。

时间一晃就是 20 年。

有一天，那家园艺所意外地收到了一封热情的应征信和 100 粒“纯白金盏花”的种子。当天，这件事就不胫而走，引起人们心灵震撼。

寄种子的，原来是一个年逾古稀的老太太，是一个地地道道的爱花人，当她看到那则启事后，便怦然心动，不顾儿女的一致反对，就动手迎接挑战，她撒下的是一些最普通的种子，经过精心照料，一年之后，金盏花开了，她就从那些金色的棕色的花中挑出一朵颜色最淡的，任其自然枯萎取得最好的种子。第二年，她又把它们种下去。然后，再从这些花中挑选出颜色更淡的花种，接着再栽种……日复一日，年复一年，终于，在 20 年后的一天，在那片花园中，这位可敬而执着的老太太，终于看到一朵期盼已久的白色金盏花，那花儿似雪如银，漂亮极了……一个连专家都解决不了的大难题，却被一个不懂遗传学的老人迎刃而解，这不是天大的奇迹吗？

(M. https://www.lz13.cn/lizhigushi/200901104995.html)

在多米诺骨牌效应的影响下，无论哪方面发生了变化，即使是微小的变化都可能带来翻天覆地的变化。因为其中的连锁反应，哪怕是一点点反应就能带来全局反应。所以，在做任何事情的时候，对于任何微小的、不起眼的东西都应该多加小心。只有这样，才能立于不败之地。

勿以善小而不为，勿以恶小而为之。泰山不辞小壤故能成其高，江河不择溪流故能成其淼。千里之行，始于脚下。千里长堤溃于蚁穴等都蕴含多米诺骨牌效应。

三、学生创新思维的培养

（一）创造适宜的环境，唤醒创新思维

1. 创设宽松的心理环境

安全、自由的集体气氛是学生创造性表现的必要条件，因此，给学生创设一个能支持或容忍标新立异的宽松的学习环境，让其有心理安全和心理自由感，有助于学生的认知功能的充分发挥，从而提高其创造性。为此，班主任应做到给予学生应有的信任、减少不必要的规定、不做评判、对学生表示诚恳的支持等方面。

2. 给予学生心灵的空杯

在可能的条件下，应给学生一定的权利和机会，让学生有时间、有机会干自己想干的事，为创造性行为的产生创造机会。优秀的孩子因它而再接再厉，滞后的孩子因它而又所动。孩子在求学成长的过程中有了自省的精神，内在成长动力源源不断。那些起初成绩平平、成长平平的孩子有一天被一种使命感召唤醒，他们带着几分激动，几分悔意反省自己学习做人等方面存在的这样那样的问题，然后像蜜蜂一样辛勤耕耘，最后他们的成长将令世人惊艳，他们也能品到甜蜜的成长喜悦与自豪。

（二）注重个性的塑造，培养创新思维

创造思维与个性具有互为因果的关系，班主任应重视从学生个性塑造方面努力培养其创新思维。研究表明，高创造者一般具有强烈的好奇心。爱幻想，有抱负和强烈的动机，能容忍模糊和错误，具有幽默感等个性品质，为此，班主任老师应做到：

1. 创设情景，引发创新兴趣

俗话说，兴趣是最好的老师。兴趣能充分调动学生自主学习的积极性、主动性，让学生在课堂上敢想、敢问，通过想和问，一点一点激发创新兴趣。

2. 激发好奇心，促进创新思维

好奇心是学生探索心理的推动力，质疑则构成了学生从一般性思维发展到创新思维链上的关节点，疑而启思，疑而生变。如瓦特因对蒸汽冲动水壶盖好奇而质疑，发明了蒸汽机；巴甫洛夫对狗流唾液好奇质疑，创立了高级神经活动学说。激发好奇心，引起学生疑窦，常使学生的情绪处于亢奋、激动之中。在这种情感的刺激下，抓住学生的注意力，激发学生去探索、去揭示“奇”的奥妙，去寻求“疑”的答案。创新思维的火花时时在白热化的思考中迸发而出。

3. 培养好习惯，触发创新思维

培养学生养成爱讨论的习惯有助于触发创新思维。讨论的过程实质是相互竞争、相互诱导、相互激活的过程，学生的创新思维和想象在讨论中一旦被触发，有如激流奔放，甚至可以形成汹涌的创新思维浪潮。例如探讨一则作文材料的立意，有位孩子说：“肝病专家吴孟超院士毫不保留将精湛的医术向世界业界公开，袁隆平院士时刻拥有‘两个梦想’想让天下的百姓不挨饿，在疫情肆虐的人间，我国扛起抗疫大旗，把疫苗送到最需要的世界各地，世界人民因中国而充满希望，我的立意是：中国——美丽的地平线。”多么有创意的立意！再如数学上对习题一题多解、多题一解的讨论，化学实验步骤最优化的讨论，气体发生装置气密性检验方法的讨论，以及化学知识与日常生活、工农业生产、科学研究相结合的讨论，均能吸引学生思考，拓宽思维的空间，激活学生从多角度、多层次去思考问题，迸发出创新思维的火花。

（三）变换思维方法，进行思维策略训练

1. 逆向思维训练

研究和解决问题，一般均习惯于正向思维，一旦问题稍有变化，学生的思维定式就成为解决问题的羁绊。如氨气使酚酞试液变红，二氧化硫使品红溶液褪色，如果加入某物质后引起颜色变化，学生能迅速判断出使颜色变化的物质。但如果题给出的信息为颜色早已变化，且未加入任何物质，学生一般难以跳出常规、变换思维角度进行逆向思维。

2. 联想思维训练

联想就是指在全方位多角度地研究问题的时候，寻求多种途径探究问题，从不同方面寻求问题答案的思维方法。在这个过程中，善于联想是创新的关键。学生联想越广，驾驭知识的能力就越强，由此拓宽了学生思维的广阔性，加强了思维的针对性，提高了学生推理、想象和求异创新的能力。

3. 发散思维训练

发散思维是寻找和已有答案相异的思维策略。它是发明创造的前提与保证。班主任可训练学生掌握发散思维技能的培养方法。可用结构扩散、用途扩散、方法扩散、形态扩散等方法训练。如语文课上的补全故事结局、尽可能多地说出某物的用途等。

4. 头脑风暴训练

通过集体讨论，使思维相互撞击，迸发火花，达到集思广益的效果。具体应用此方法时，应遵循四条基本原则：一是让参与者畅所欲言；二是鼓励标新立异、与众不同的观点；三是以获得方案的数量而非质量为目的；四是鼓励提出改进或补充意见。

（四）让学生大胆实践，培养创新能力

创新思维离不开思维的具体操作过程。实践操作是学生形成科学思维方式、掌握科学研究方法的重要途径，让学生大胆实践，有利于培养学生的创新能力。例如高考之后，很多复习资料成了废品，有位孩子，灵光一闪，把一些有用的资料从同学处以非常低的价格买过来，分好类，组织几个铁哥，设点分别向高一高二的同学销售，生意出奇的好。

第四章　娴掌金钥匙——完善个性

一、个性和龙之九子之传说

早　梅

谢　燮

迎春故早发，
独自不疑寒。
畏落众花后，
无人别意看。

梅花为迎接春天的来临，而早先开放。冬天多么寒冷，但它仍然傲然独立，毫不畏惧。它怕开花落在群芳之后，人们游春的意兴索然，再也没有人特意观赏它了。哪怕无人观赏，梅花仍然凌寒独自开，于晶莹澄澈的雪国，一展高姿雅韵，这就是梅的个性。人也如梅，有个性。

何谓个性？个性，即人各自不同的特征。它主要表现在思想情感，兴趣爱好，言行修养，目标动力中。我们的孩子个性最分明。一百个孩子，就有一百种个性。所谓龙生九子，性格各异。

据说囚牛，是龙生九子中的老大，平生酷爱音乐，它常趴在琴头上欣赏音乐，于是制作琴的工匠便在琴头上刻上它的画像。这装饰一直沿用下来，一些贵重的胡琴头部至今仍刻有囚牛的形象，美其名曰

“龙头胡琴”。

睚眦是老二，平生好斗喜杀。刀环、刀柄、龙吞口等武器装饰了睚眦的画像后，更增添了慑人的力量。沙场名将的兵器上，仪仗和宫殿守卫者武器上，都用它装饰，以显其威严庄重。

嘲风，是老三，形似兽，平生好险又好望，殿台角上的走兽是它的画像。这些走兽排列着单行队，挺立在垂脊的前端，走兽的领头是一位骑禽的“仙人”，后面依次为：龙、凤、狮子、天马、海马、狻猊、押鱼、獬豸、斗牛和行什。它们的安放有严格的等级制度，只有北京故宫的太和殿才能十样俱全，次要的殿堂则要相应减少。嘲风，象征着吉祥、美观和威严，还具有威慑妖魔、清除灾祸的象征意义。嘲风的装饰，能使整个宫殿的造型严整多变，宏伟精巧，生动和谐，高耸的殿堂因它而平添一层神秘色彩。

蒲牢，形似盘曲的龙，排行第四，平生好鸣好吼，洪钟上的龙形兽钮是它的画像。据说蒲牢生活在海边，虽为龙子，却一向害怕庞然大物——鲸鱼。当鲸鱼一发起攻击，它就吓得大声吼叫。人们根据其“性好鸣”的特点，“凡钟欲令声大音”，即把蒲牢铸为钟钮，而把敲钟的木杵作成鲸鱼形状。敲钟时，让鲸鱼一下又一下撞击蒲牢，使之“响入云霄”且“钟声独远”。

狻猊，形似狮子，排行第五，平生喜静不喜动，好坐，又喜欢烟火，因此佛座上和香炉上的脚部装饰就是它的画像。相传这种佛座上的狻猊是随着佛教在汉代由印度人传入中国的，至南北朝时期，我国的佛教艺术上已普遍使用，这种造型经过我国民间艺人的创造，使其具有中国的传统风格。

霸下，又名赑屃，形似乌龟，排行第六。传说霸下在上古时代常驮着三山五岳，在江河湖海里兴风作浪。后来大禹治水时降服了它，它服从大禹的指挥，推山挖沟，疏遍河道，为治水作出了贡献。洪水治服了，大禹担心霸下还到处撒野，便搬来顶天立地的特大石碑，上面刻上霸下治水的功绩，叫霸下驮着，沉重的石碑压得它不能随便行走。

狴犴，又名宪章，形似虎，是老七。它平生喜欢打官司，却又有威力，狱门上部那虎头形的装饰便是其画像。传说狴犴不仅急公好义，仗义执言，而且能明辨是非，秉公而断，再加上它的形象威风凛凛，因此，除装饰在狱门上外，还匍匐在官衙的大堂两侧。每当衙门长官坐堂，行政长官衔牌和肃静回避牌的上端，便有它的画像，它虎视眈眈，环视察看，维护公堂的肃穆正气。

负屃，似龙形，排行老八，平生好文，石碑两旁的文龙是其画像。我国碑碣的历史久远，内容丰富，它们有的造型古朴，碑体细滑、明亮，光可鉴人；有的刻制精致，字字有姿，笔笔生动；也有的是名家诗文石刻，脍炙人口，千古称绝。而负屃十分爱好这种闪耀着艺术光辉的碑文，它甘愿化作图案文龙去衬托这些传世的文学珍品，把碑座装饰得更为典雅秀美。它们互相盘绕着，看去似在慢慢蠕动，和底座的霸下相配在一起，更觉壮观。

螭吻，又名鸱尾、鸱吻，龙形的吞脊兽，是老九，口阔嘴粗，平生好吞，殿脊两端的卷尾龙头是其画像。《太平御览》记载："汉相梁殿灾后，越巫言，'海中有鱼虬，尾似鸱，激浪即降雨'遂作其像于尾，以厌火殃。"文中所说的"巫"是方士之流，"鱼虬"则是螭吻的前身。螭吻属水，用它作镇邪之物来避火。

(1M. http://www.360doc.com/content/17/0109/21/8402887_621389709.shtml)

龙生九子中的老大囚牛，酷爱音乐；老二睚眦，好斗喜杀；老三嘲风，好险又好望；老四蒲牢，好鸣好吼；老五狻猊，喜静不喜动，好坐，又喜欢烟火；老六霸下，平生好负重，力大无穷；老七狴犴，喜欢打官司，急公好义，仗义执言；老八负屃，平生好文；老九螭吻，口阔嘴粗，平生好吞。

龙的九子，样貌不同，性格不同，爱好不同。孩子的个性如龙的九子，千差万别。如果不懂孩子的个性，就不懂得真正有效地教育孩子。我们或许常常慨叹现在有的孩子真难教。问好习惯，似乎没有；问好思想，似乎没有；问好成绩，似乎没有；问好能力，似乎没有。似乎当下的孩子都只是吃吃吃的饕餮，玩玩玩的疯魔。其实，孩子并不是魔鬼，只因我们没有带着使命初心真情走进孩子的世界，不懂他们拥有天使特性的一面。有时，我们常常会将成长中的孩子和曾经成长中的我们比，越比越感到我们的孩子四不像：不像那时的我们一样懂事，不像那时的我们一样勤勉，不像那时的我们一样出色，不像那时的我们一样……其实，当年的我们也可能背着同样的咒符，被父母老师否定。这道咒符看上去是激励，其实是暴露，暴露了我们在教育孩子的过程中的粗暴与自大。我们真有自己以为的那样优秀吗？如果我们真优秀，就不要作九斤老太之叹，我们就应该看得清当今我们孩子成长的形势，就应看得懂孩子在新时代新要求下形成的异于当年的我们的个性。所以说，不懂孩子，就不要随便开口教训他们；不懂孩子，就不要动不动就责罚他们；不懂孩子，就不要动不动就发号施令。否则，一切都是徒劳，都是伤感，寻根究底都是伤，情何以堪！

二、孩子的个性类型与发展

（一）动静型

静如处子，动如脱兔。这类孩子玩起来可能发疯，静下来毫不作声。他们精力充沛，热情似火，但又内敛多思，他们热爱新生事物，内心充满渴望。他们遇事会精思细研，胆大心细。这类孩子一般最受父母老师同学朋友点赞。好动，无形中令他们打开了了解既无奈又精彩的外在世界的一扇窗，这使他们蕴含着强大的生命力和成长力；好静，令他们呈现出非凡的自省力与克制力。这种性格的孩子，他们最愿听取诚挚的建议和真诚的开导。一旦出现危险的成长信号，他们一般能自我调节，不需要父母老师敲木鱼念佛经，反复开导。教这类孩子，只要在健康、安全、理想教育这些方面下功夫就会大有收获。

例如 1812 班的雨同学，高二时语文成绩时好时歹，好的时候一百零几分，不好的时候九十几分，但其他科成绩又特别好。语文老师了解到他是一个语文“小神兽”，字像蚂蚁，上语文课就心堵，做语文练习就爱做不做，但是他志存高远，他将来想选择的行业就是国家发展最需要的——芯片，所以他立志考上西安交大。一入高三，语文老师发现他认真听课时就像将军开弓凝神静气，纹丝不动，眼睛里放出晶亮的光芒。于是老师就点拨他：远大梦想的孕育过程它需要学科全营养，语文这科是他最宝贵的营养，一定不能缺。他一点即化，学语文中需要的精神与行动他都很快地就具备了，2021 年的高考他语文考出 113 分，以 621 分的成绩考上了一所理想的大学。

（二）疯痴型

这种孩子，一看上某种事物，只要自己喜欢，就会爱得欲罢不能，天昏地暗，不问对错，不问好坏，不问宜违。这样的孩子如步正途，便是良才奇才；如入歧途，便可能是乱臣贼子。他们无论干什么事，都不会轻易听取家长老师的教导，不撞南墙不回头，到了黄河也不死心。遇到这样的学生，除非老师是他们顶礼膜拜之人，否则，教育无效。一般情况下，他们不怕打，不怕骂，疯劲一上来还可能与老师家长对着干。常见的打家长，骂老师，打老师，仇家长的孩子，他们的心中可能自然生长着一股背离尊卑长幼，孝悌忠义的飓风，疯劲一来，摧毁一切。但是，这类孩子也不是没有良好的教育契机。在适当的时候，可以创设情境跟他们对话。如他们陷入绝境之时，也可能是我们把握最佳教育机会之时。曾有一位诨名“飞天蜈蚣”的男孩，以打架斗殴为能事，鬼碰了他都怕三分。他还痴迷撩老师，细高个子的老师，他便叫“长子”；矮胖个子的老师，他就喊“河马”；鼓胖老师，他就喊“皮球”等等，大庭广众之下，他撩得更来劲，众目睽睽之下，他都不脸红。老师反复整他都白搭。有个课间，他从一楼到二楼，楼道间他突然大叫：“我眼睛看不见了!”恰巧，一位老师走在他前面，发现他中暑了，马上给他按摩虎口、脊椎，一下子，情况好转，孩子万分感激，老师只说一句：以后要好好喊老师。从此那位没大没小爆粗口的孩子销声匿迹。

在他们最眷恋的时候，也是我们施教的最佳时候。有位富家子弟，有一个嗜好，爱拿别人的名牌衣服鞋子，别人怀疑他，他矢口抵赖，失盗人不信邪，几个人组成抓捕队，连续几周伏击跟踪，最后将他逮了个正着。事实面前他无法狡辩，只好从实招来，争取宽大处理。最后在家长同学的高呼声中学校不得不奉劝他转学。那一刻他对学校对老师产生了眷恋之情，打死他也要留下来读书，学校就又作出新的决定：有老师保你，你就留下，给你改过自新的机会。他人讨嫌但脑瓜灵，他立马向班主任反复请求，班主任就说：“古话说，富润屋，德润身。好名声是人生的通行证。一辈子名声扫地，搞不好，还影响下一代。”男孩意识到问题的严重性，就喊了父母，加倍赔偿别人，以示坦诚。最后，班主任本着对问题学生要转化不要转移，自己的问题学生自己来教的理念，亲自向校长担保，校长虽然微笑地说“好老师唻，教出好学生唻”，班主任也含笑回敬“好校长来，教出好老师来”。两人默契一笑，最后男孩留了下来，欣然走上了严于律己、改过自新的健康成长大道，最后圆满完成学业。斗转星移，岁月流逝，一晃十多年过去了。有一天，正是春花烂漫的时节，校园主道两旁的月季开得娇娇滴滴的媚，令人流连。当年的班主任非常喜欢赏花，正在她对花凝神之际，一辆白色高级轿车停靠在她身旁，让她吃惊不小，前窗玻璃居然摇下来了，露出一个白净帅气的小伙子，他试着问：“老师，您就是我当年的班主任某某吗？我是某某，那个让您向校长求情的学生。”男孩执意要把自己的班主任送回家，即使不顺路，也不嫌烦，似乎反而能表达他的诚意。那一刻，班主任大彻大悟：什么是有温度的教育？就是在孩子最不值得爱而又希望被爱时给他施予爱。教育孩子，不要错失时机。可以说，所有的孩子都是可塑的，只是存在时间问题。

艾闻（情感自媒体人）说，每个人内心深处都住了两个人，一个叫天使，一个叫魔鬼。

我们惯常做的，是向外界展示天使的一面，其实，每个人心里都住着一个魔鬼，它住得很深，可能在沉睡，但一定要记得，它是存在的。至于它什么时候会被唤醒，一般在情绪失控时。这时候，我们的天使一面就被掩盖了，转而呈现魔鬼的一面。换一个说法。你有没有发现一个有趣的现象：在外人面前，我们总是表现得温文尔雅，通情达理，又有爱心，又有耐心，但在我们最亲近的人，如家人面前，我们却显得态度极其恶劣，没有耐心，乱发脾气，说最狠的话，做最狠的事。这是为什么？

首先，不是因为我们人格分裂，而是人的正常表现。因为我们内心住了两个人，一个是我们努力想做的人，一个是真实的我们。如果这两个人能够协调统一，那么我们就会少了很多烦恼和痛苦，但这两个人如果总是水火不容，相互开撕，时间长了，我们注定迷失自己。

其次，因为我们知道，亲人对自己会十分宽容，即便自己犯下再大的错误，他们也会原谅自己。虽然是这样一个道理，但其实这样的做法是极其错误的。一是我们常常伤害了最不应该伤害的人，二是因为常常被无条件谅解。所以，我们被“惯坏”了，对自己的问题没有认识、没有悔改，自己也就限制了自己的成长。

更为关键的是，我们纵容了自己内心的恶魔，让它获得了继续存在的空间和土壤，而一次又一次断送了消灭他的机会。当我们情绪失控的时候，恶魔就来临了。

这时我们展现出来的是什么？如果可能，当情绪失控时，面对镜子，我们一定会大吃一惊。我们变得暴跳如雷、咬牙切齿，或者懦弱无能、萎靡不振，或者愁云满布、眉头紧锁，或者出口成脏、拳脚相加……总之，我们变成了一个丑陋、可怕、恐怖的人，心里的恶魔成为现实的恶魔，就是自己。

事实上，很多人在呈现恶魔状态以后，冷静下来会进行自我的反思，他们其实也很讨厌自己这样的表现。有的人可能会有意识地开始提醒自己，从而得到改善甚至改变；有的人却完全不会觉得有什么不妥，甚至还觉得自己这样的状态是正常的，可以理解的——以上两种人，其实都不大会纠结。

真正纠结的是第三种人：他们往往在情绪失控下唤醒恶魔，事后又深深自责；但当情绪再次袭来，恶魔又一次被唤醒——他们就这样一次一次败倒在恶魔面前。

以上三种人，第一种我们可以称之为控制恶魔的人，第二种是享受恶魔的人，第三种是被恶魔控制的人。

控制恶魔的前提，是要勇敢承认自己心里有恶魔。什么意思呢？要承认自己有问题。为什么很多人有问题却总是改不掉，因为他们从来不认为自己有问题。一个都不认为自己有问题的人，如何能够改正呢？

面对恶魔以后，你要拿出足够的勇气来与之斗争。最初，可能它非常强大，你连招架之力都没有，但不要气馁。被恶魔击溃一次，你回头再勤练武功，练什么武功？就是自我疗愈的武功。

练了一段时间，再来挑战恶魔，这时候你可能有招架之力了，再后来，你能和恶魔打成平手了，只要你不停地修炼，你就有彻底击败恶魔的一天。

（三）静闷型

这类孩子不爱动，不作声，但心里明亮。有时他们还躲老师。这类人说白了就是“宅孩”。家长、老师的话他们都听得进，但就是成绩平平。这类学生最缺成长的原动力，他们非同于目标型、拼搏型、阳光型的学生，他们可能某科成绩特别好，但就是一闷葫芦，给人缺陷感。这类学生的成长起点在“动”。让他们大胆讲，大胆做，积极参加各类秀他们特长的活动。让鲜花掌声陪伴他们成长，那“闷葫芦”就会变成漂亮的“萨克斯”。教这类孩子，我们要主动亲近他们，主动先招呼他，先问候他们。让他们跟老师慢慢熟络，放下怕老师的包袱，而主动自觉成长。

（四）博雅型

这类孩子爱好广泛，目的性强，爱钻研，喜探索。他们最喜欢与老师探讨问题，以测试自己的水平。有时他们很想驳倒老师来满足他们内心的自大感。如果老师确是顶尖人物，让他们有河伯之叹，那他们对老师就会仰之弥高，以受教于老师而自豪。教这类学生，老师要有襟怀，他们有可能在不经意中得罪了老师。如果真的冒犯了，老师不应打击，而应肯定。老师对他们越肯定，他们的目标越明确，他们便越有成长的原动力，他们成大才的可能性越大。

亚里士多德赴雅典，在柏拉图学院就读达20年，直到柏拉图去世后方才离开。受父亲的影响，亚里士多德对生物学和实证科学饶有兴趣；而在柏拉图的影响下，他又对哲学推理发生了兴趣。

从十八岁到三十八岁在雅典跟柏拉图学习哲学的二十年，对亚里士多德来说是个很重要的阶段，这一时期的学习和生活对他一生产生了决定性的影响。苏格拉底是柏拉图的老师，亚里士多德又受教于柏拉图，这三代师徒都是哲学史上赫赫有名的人物。在柏拉图学院中，亚里士多德表现很出色，柏拉图称他是“学院之灵”。但亚里士多德可不是个只崇拜权威，在学术上唯唯诺诺而没有自己的想法的人。他同大谈玄理的老师不同，他努力地收集各种图书资料，勤奋钻研，甚至为自己建立了一个图书室。

有记载说，柏拉图曾讽刺他是一个书呆子。在学院期间，亚里士多德就在思想上跟老师有了分歧。他曾经含蓄说过，智慧不会随柏拉图一起死亡。当柏拉图到了晚年，他们师生间的分歧更大了，经常发生争吵。

M. https://baike. so. com/doc/5376880-5613007. html

从亚里士多德与柏拉图的关系中我们可以得到启示：博雅型的孩子成功的根本原因全在博雅二字中，因为博，所以孩子眼界开阔，对他们探求的领域将有更深入的了解和思考，有发人知未发的创见，这些优势都可能碾压他们的老师；因为雅，他们将有卓越的追求，他们就不会陈陈相因，而会敢于挑战，不断开拓。

（五）挑剔型

有类孩子似乎与生俱来就爱挑剔。他们时刻找除自己以外的人的茬。老师提起他们就气胀颈。其实，这主要是他们没得到正确的引导和评价所致。别人总先讲他的不是，久而久之，条件反射，他们总是以对立面出现。其实，他们并不知道自己有那么讨厌，他们认为这全是自己所想。一套直白，结果成了“鱼骨头”。这类学生需要个别点醒，不要当头棒喝，他们很要面子。老师应耐心创设情境教他们辩证地看问题，一分为二地评价他人，让他们有公允的处事导向，做不偏激，不一根筋的正直之人。

（六）哇啦哇啦型

这类孩子一天到晚问题多，有些问题几乎不是问题。有时，他们一发声，同学就不耐烦。他们也许不在乎，继续抱住自己的话语权，强迫别人当听众。不管效果如何，但他们兴味盎然，这是应肯定的，但老师不宜直白评点，妙招是课堂上多设计难题让他们答不上来，他们就噤声了，同时他们的思维也深刻了。

（七）懒惰型

这类孩子谁也讲不信，谁也不理睬，不看书，不做题，做事不动手。有点行尸走肉的味道。谚云："懒惰乃人生的坟墓。"孩子小小年纪，就让他们走进命运的坟墓，实乃悲剧。这也是教育的悲剧。要化悲剧为喜剧，非一朝一夕的功夫。我们要追溯懒惰之因，是溺爱所致，还是叛逆所致。溺爱所致，就应截溺源，开勤流；家长要有意识培养他们的动手能力，老师要主动边陪边导，让他们形成勤奋的好习惯。如果是叛逆，主要在解开学生的心结，让他们有存在感，有成就感。有老师可能走捷径，罚字当头。不过，只怕效果不好，还结冤家。

（八）暴力型

有些孩子潜意识就有揍人的欲望，似乎打得别人眼肿鼻青，他们才有快感。这类学生占有欲很强，很霸道。谁敢在他们面前说不，就是对他们的冒犯与忤逆。顺我者昌，逆我者亡，这是暴君性格，从某种意义上说，遇到这样的孩子是教育的噩梦。但父母老师也不能听之任之，让他们自毁前程。教育暴力型孩子，虽困难重重，难立竿见影，但我们可以做这样一些工作。

留心观察，个别疏导。首先要消灭集团暴力倾向，孤立暴力型学生。再找暴力型学生了解情况，找准他们的性格盲点和亮点，亮点要肯定，盲点要清除。要让亮点照亮盲点。一个人心灵有善的阳光，才可融化恶的坚冰。不过一般对这类"地痞""恶霸"型孩子都是采取劝退，转移成长环境的方式来警告他们，使之醒悟。在没有良方的情况下，这也不失为上策。庙一烂，鬼就出来了。孩子的善性到了零点，在他们心灵的原野，家长、老师没有一个有善喻的回声，他们已经无视一切了。因此，只能让他们自食苦果，看能不能收到"吃一堑长一智的效果。"令他们在挫折中唤醒自己的良知。

《学记》中说："大学之法：禁于未发之谓豫，当其可之谓时，不陵节而施之谓孙，相观而善之谓摩。此四者，教之所由兴也。"大学的教育方法是：在不合正道的事发生之前加以禁止，叫作预先防备；在适当的时候加以教导，叫作合乎时宜；不超过学生的接受能力进行教导，叫作顺应；使学生相互观摩而得到好处，叫作切磋。这四点是教育取得成功的原因。孩子的暴力倾向，从小就可察觉到。如一点小要求满足不了，就哭得死去活来，还不解恨，就对爸爸妈妈爷爷奶奶拳打脚踢。这种情况一旦出现，长辈们就不要认为是小孩就可忽略，更不要欣赏他们，而应及时警告，让他们明白此举不妥，以免重犯。孩子在与别的小孩打打闹闹的时候，父母不要以为是小孩间的常事而不教育，甚至姑息纵容。孩子成长中，我们要教育他们有所禁忌，有所惧怕，有所敛止。不要令他们有错觉：我做的全是对的。从前有许多家长怕自己的孩子吃亏还教唆他把别人的孩子打到爆。可惜一时赢了，但一世败了。许多老师因不敢惹这样的学生因而躲避敷衍，到头来处处闹心，没有宁日。

一般新生一到就要不动声色观察筛析。言为心声，学生的一言一行均可见其个性。不要认为就是普普通通的一句话，不必推敲。一叶知秋，一言显性。那些有暴力倾向的学生只要我们在日常小事中打好预防针，很有爱心地去疏导，我们就有极大的可能性将他们的负能量变为正能量，收到化暴为柔，去恶为善的效果。

（九）懦弱型

平常这类孩子打不还手，骂不回嘴。无论别人怎么样他们都是低眉顺眼，唇闭脸红，脖软脑耷。有时，别人逗乐，他们不恼不气，只是轻轻躲闪。问他们什么事，不吭声；要他们做什么，他们做得好好的。他们就是胆小怕事。他们不善于权衡自己，又不了解他人，凡事怕字当头，只好以静默对喧闹。但他们自尊心极强，如果有人欺负他们，一旦爆发，就是灾难性的结局。因此，我们平常不要小觑这类孩子。要用爱心鼓励他们大胆发声，走向健康成长的大舞台。

（十）两面型

许多孩子当着老师的面说说笑笑，亲亲热热，唯唯诺诺，显得很阳光开朗，亲善温和，但一转脸就把老师骂得死尸腐臭，六月下霜。这类学生很会装。子曰："巧言令色鲜仁矣。"他们也可能明里一盆火，暗里一把刀，很可怕。一般情况下看不出来，有时他们往往是老师十分欣赏倾力培养的人选，但知情人对他们嗤之以鼻，同时也会为老师的误判而遗憾。育人先看人，先察微。遇到这样的学生要做好正面引导工作，不要让他们成为变色龙，而断送美好前程。

（十一）抑郁型

这类学生好独处，坐下来手不停歇，做作业很专注，做完了就撕纸，废本子全是他们的爱物。虽然他们目光呆滞，说话前言不搭后语，但是做题时不一定没有逻辑性。有时他们能考高分。他们一般不与同学沟通，是典型的独行侠。老师父母主动和他们沟通也不过是面无表情。有时他们还躲，如迎面，他们就绕，如主动找，他们就有意拖延，他们绝不会像正常成长的孩子一样欢蹦乱跳。不发懵的时候，他们可能主动跟老师说些匪夷所思的事情，老师听了都可能咋舌"有这样的事？不会吧！"

他们抑郁的原因说不清。可能是遇到意外的刺激，可能是先天的影响。他们一般难完成很严格的学习任务。太累了，他们就觉得头要爆炸似的，身体很不适。有时他们不得不辍学，但这似要他们的命，他们本来爱读书。唉，天夺壮士心，岂不痛哉！

老师做工作毫无办法，条件允许，让他们最亲近的人陪伴开导，尽量不在同学中制造恐怖或受到意外的伤害。

（十二）早熟型

孩子一旦早熟，就会惊悸。他们不自觉讲究衣着发型，爱跟漂亮或英俊的孩子往来，他们排斥那些外表平平淡淡的人。他们喜欢美丽的异性孩子甚至老师。他们心中的美丽老师上课就格外来劲，黑板擦得干干净净，讲台上摆上了鲜艳的盆景。这些老师上课有什么纰漏，他们也可通融；他们喜欢的漂亮孩子，别人不能接触，否则，他们敢大打出手。平常他们在乎别人的评价，如果有人奉承他们“帅呆了”“亮瞎眼”，他们会得意忘形，不知自己几斤几两。这类学生性开始成熟，但心智很稚嫩。我们应从心智方面耐心启发他们。教他们明辨美与丑，懂得是与非，知道进与退。

（十三）牛犊型

这类孩子单纯，善良听话，他们成绩出色，完成各项任务挺不错，最在乎老师的评价。但他们兴趣单一，见闻狭窄，沟通能力欠缺。但走正道，不淘气。只要老师好好引导，他们易成大才。因为他们身心健康，品德纯正，禀赋高上，专心致志。父母老师应多对他们讲志存高远，安全意识，人文情怀等。

（十四）悲观型

这类孩子时常唉声叹气，一副苦大仇深的样子，好像忧郁王子，愁苦公主。在别人的眼里他们似乎从没有享受过阳光雨露，清风明月，春华秋实，而只有严霜坚冰，月黑风高。他们的模样就是别人戏谑的“苦瓜”。他们开口就是背时话，闭口全是哀叹调。整个人就是古之秋士。这类孩子主要是放大了成长中的挫折，三观有点悖。老师要好好地教育他们辩证看待成长中的不如意，郑重其事开导他们：人生或许有春夏秋冬，但经历严冬的凛冽，必然邂逅暖春之蓬勃。有夏阳之灼灼，必有秋果之累累。苦与甜，悲与喜，乐与忧，成与败等都是辩证的，都不是一成不变的。所以，逆境中要乐观豁达超然，要用微笑去迎接喷薄而出的朝阳和暴风雨，只要我们自信，谁也打不败我们！

（十五）领袖型

这类学生沉稳大气，严于律己。学习成绩拔尖，凡事有主见，敢说敢做，多思多才，迎难而上，乐于助人，人缘极好。这样的孩子，对家庭、对学校、对社会、对国家、对民族、对世界来说，都是极品人物，谁今生与他们邂逅，此生此世都是荣耀与勋章。我们应好好教导他们珍惜生命，智对人生的风口浪尖，在人类的史册上写上浓墨重彩的篇章。

总之，孩子的个性，具有复杂性。以上类型不是绝对的。我们要根据孩子的具体表现因材施教，助他们健康成长，创造成功的人生。

三、怎样呵护孩子的个性

很多班主任都为孩子将来成为一个什么样的人而担忧，看到孩子有一点不符合自己的要求，就觉得难以接受，仿佛孩子一点也体会不到班主任的一番苦心。孩子究竟能成为什么样的人，班主任的作用是次要的，关键还是看孩子的个性。如果班主任无视孩子的个性，强迫他们按照老师的意愿发展，反而不利于他们的健康发展。尊重孩子的个性，鼓励他们按照自己的个性去做，即使孩子将来只是一个普通人，只要无害于社会，老师都应该支持。

每个孩子都是与众不同的。他们有不同的感受事物的方式、玩耍的方式、思维的方式、学习的方式，等等，正是这些“不同的特性”定义了他作为一个人的自我，也就是他的个性。由于孩子还小，各方面都不成熟，其个性还处于潜在状态，有待开发和培养。他们的个性就如同刚刚破土而出的幼苗，需要父母老师精心呵护。

孩子的个性是多样化的、独特的。这些个性是孩子成长所必需的，不妨拿艺术家的调色板来做个类比：调色板识别的“颜色”越多，画出的画作就越是趣味盎然、绚丽多彩。所以，班主任要充分理解和呵护孩子的个性，不要觉得某孩子性格好就把其他的孩子也按照那样的性格来培养，这不仅会抹杀孩子的个性，还会阻碍孩子的自我认知和自信心的培养。在这个方面，爱因斯坦小时候的一个故事值得我们深思。

爱因斯坦上小学时，一次老师讲加法，老师拿出苹果问：“一个苹果加一个苹果是几个苹果?”“两个。”同学们齐声回答。老师又用别的实物做类似的演示，最后，老师边说边在黑板上写出“1＋1＝2”。此时，小爱因斯坦眨着眼睛，充满了疑惑，举手站起来说：“老师，1加1也等于1。”老师被说愣了，问爱因斯坦为什么。只见爱因斯坦从口袋里取出两块软糖，把两块糖用力地捏在一起，举起来说：“老师，您看，这不是1＋1＝1吗?”同学们感到很有趣，开心地笑了。老师感到很不解，但还是态度和蔼地说：“两块软糖粘在一起，是变成了一块，但那是一大块。”

“一大块也是一块啊。”反应敏锐的爱因斯坦又作出这样的回答。

老师摊开双手，好像不知道如何向他解释，只是轻轻重复：“对，一大块也是一块，大1也是1……”

在小爱因斯坦的身上不正是有一种个性在跳跃、在闪烁吗?他的老师并没有认为他是在捣乱，而是对他的回答和蔼地加以肯定，这就是尊重孩子个性的具体表现。试想，如果爱因斯坦的老师粗暴地否认他的答案，也许小爱因斯坦就会失去对学习的兴趣，那么，日后他也许难以成为伟大的科学家。

就像爱因斯坦一样，孩子在生活中通常会表现出一些与众不同的地方，在同一件事情上也许会出现和班主任老师完全不同的看法，这个时候，老师应该理解和呵护孩子的个性，对孩子的个性给予充分的尊重。只有从呵护孩子的个性入手，尊重孩子的个性，让他们自由地发展，这才是完善孩子个性最好的方法。

（一）让孩子有尊严地成长

尊严，简而言之，就是权利和人格被尊重。《荀子·致士》记载："尊严而惮，可以为师。"尊严，是人们精神内涵中最核心最敏感的因素。邻里怨怼，夫妻离心，朋友反目，父子成仇，母女陌路，甚至师生为敌最主要的原因是尊严被践踏。在陪伴、引导、教育孩子的过程中，我们必须严守让孩子有尊严地成长的原则，但是我们常常不经意违背了它。有时，我们有点想当然，我们很多情况下只会在孩子身上找他们不良成长的原因，我们常常犯经验主义错误，常武断地说："孩子素质差。"我们不会换位思考，孩子的个体不同，家庭情况不同，成长背景不同，他们有性格等方面的差异。我们教育者要尊重现实。其实，世界上没有不出错的人，孩子出错是免不了的。对待有错的孩子一顿咒，一顿揍，或不理不睬，或四处播扬这都是伤及孩子尊严的事情。尤其是那种打骂了孩子还自我贴金说："不为你好，我还不会这样做。"把自己的拙劣粉饰得光光鲜鲜。一次可能没后遗症，如果把它变成家常便饭，孩子不大闹天宫才怪。哪里有大棒，哪里就会有鞭子，抽徒棒己，揍子锥心，伤和气，埋祸根呀！

有尊严地教育孩子，孩子才有成长的尊严。那么，怎样树立教育的尊严？

第一是公平。无论贤愚，无论美丑，无论尊卑，无论贫富，我们都要公正平等地对待每位孩子。我们要把孩子看作独立的个体，他们与我们是平等的。对孩子传授某种生存法则、发展意识、成功之道时，我们一定要让他们觉得自信自豪，老师家长善心可鉴，爱心满满，从而促使他们反省自我，重塑自我，甚至将我们终生铭记。尊严、平等这两杆秤常在心中，我们教育孩子就会斟词酌句，就会三思而后行，我们自而然会考虑这些问题：我们了解情况吗？我这样说孩子会接受理解吗？我这样做对孩子有帮助吗？有了这两杆秤，我们就不会放哑炮，就不会操之过急，就不会粗言加大棒，就会用十二分的爱心去对待孩子成长中这样那样的问题，就会很乐意、很民主地听取孩子的心声，就会成为孩子最敬重的老师，就会不言自威。

第二是民主。乐于听取孩子的心声，先不问孩子说的是对还是错，是真还是假，我们如果能和善平静对待孩子的成长障碍，让孩子畅所欲言，其实孩子就会如释重负，问题可能就有了解决的方法。这比我们大费唇舌，大伤脑筋去做些无谓的说教好一万倍。同时，也不会让孩子喊冤叫屈，对我们不理不睬，或敬而远之。

第三是严格。任何时候都要教育孩子不要触法律法规和日常规章制度的高压线，不要踩做人的红线。有位朋友说，她小孩吃相很不雅，碰到自己喜欢吃的东西就会旁若无人，豪饮大嚼，所以她最不乐意带他走人家，怕丢格，但有时又不得不带他出门，怎么办呢？第一告诉孩子的做客之道，第二，把他先带到超市，看他喜欢吃什么，让他尽兴挑选，饱餐一顿。孩子肚子饱饱的，餐桌上就斯文多了，自然不会影响其他用餐人的心情。教育孩子健康成长的过程，是一个教孩子懂规章守规则创文明的过程。孩子懂了，才有基础守；孩子能守，便是行动；孩子能创，便是发扬。任何教育无论何时何地，无论何人何事，都应是彰显人性光辉的教育。如果践踏了孩子的尊严，摧残了孩子的灵魂，那不是教育，而是屠戮！

（二）理解学生，尊重他的想法和选择

学生的道德标准和各种观念还不成熟，做什么都随心而动，他不会考虑到这样那样的因素，他只会按自己的想法做，这样难免会做出成人不能理解的事情。这个时候，班主任老师千万不要因为孩子的想法和自己不同，就轻易去否定他，觉得孩子做错了。其实这是孩子最真实想法的体现，老师首先要理解孩子的个性，肯定孩子的个性，然后才能采用正确的方法引导孩子，而尊重孩子个性的做法，也更容易被孩子接受。

（三）将学生培养成一个能自己思考、自己行动的人

老师什么事情都替学生做好，把孩子要跨越的路上的障碍全部清除掉，这种“过于保护”的做法危害甚大，这种做法剥夺了孩子接受挑战、从失败中培养自己个性的机会，它会使孩子的个性永远得不到发展，做事畏首畏尾，没有主见。

（四）善于发现学生的优点并加以肯定

对学生来说，最重要的是具有自信、自爱的精神。这种精神就如同植物的生长，根扎得越深越广，结出的果实也就越大。老师不要只关注孩子身上的缺点，老师的表扬和对学生优点的肯定可以使孩子心情愉快，自信及自尊心也会随之得到增强。

（五）激励学生树立远大的理想

远大的理想并不是一天就能完成的，要尊重孩子自己的想法，学生有自己的梦想、希望，不管多么微不足道，多么滑稽可笑，老师都要静心倾听孩子讲述他的梦想和希望。班主任抓住时机教育孩子人生的理想目标是在辛勤努力、不断失败的过程中实现的。班主任要热切关注学生的成长，成为孩子前进的动力和坚强的后盾。

第五章　炼就定海神针——教育情怀

一、何谓定海神针

这定海神针，源于我国古代四大名著之一《西游记》中的描述："……后面闪过龙婆、龙女道："大王，观看此圣，绝非小可。我们这海藏中那一块天河定底的神珍铁，这几日霞光艳艳，瑞气腾腾，敢莫是该出现遇此圣也?"龙王道："那是大禹治水之时，定江海浅深的一个定子，是一块神铁，能中何用?"龙婆道："莫管他用不用，且送与他，凭他怎么改造，送出宫门便了。"老龙王依言，尽向悟空说了。悟空道："拿出来我看。"龙王摇手道："扛不动，抬不动！须上仙亲去看看。"悟空道："在何处？你引我去。"龙王果引导至海藏中间，忽见金光万道。龙王指定道："那放光的便是。"悟空撩衣上前，摸了一把，乃是一根铁柱子，约有斗来粗，二丈有余长。他尽力两手挝过道："忒粗忒长些，再短细些方可用。"说毕，那宝贝就短了几尺，细了一围。悟空又颠一颠道："再细些更好。"那宝贝真个又细了几分。悟空十分欢喜，拿出海藏看时，原来两头是两个金箍，中间乃一段乌铁，紧挨箍有镌成的一行字，唤作"如意金箍棒一万三千五百斤"。心中暗喜道："想必这宝贝如人意！"一边走，一边心思口念，手颠着道："再短细些更妙！"拿出外面，只有丈二长短，碗口粗细。

定海神针是天河定底的神珍铁，大禹治水之时，用来定江海浅深的一个定子，是一块神铁，后来变成了孙悟空除妖捉怪的金箍棒。教师的教育情怀对他们的事业至关重要，它就是天河的定底神针铁，是检验教师立德树人的试金石，一个教师是庸师还是高师，是仁师还是堕师，掂量他们的教育情怀就了然于心，真假自见了，教育情怀也决定教师事业成败，决定孩子的前途与命运。可以说富有教育情怀的教师一定有崇高的人生境界。

二、最伟大的教育情怀为什么是热爱?

最伟大的教育情怀是热爱，为什么?

被评为2020年度“感动中国”十大人物，素心托高洁的张桂梅校长，2002年，在云南儿童之家工作，看到了农村很多贫困家庭的女孩因交不起学费失学了，她非常痛心，于是她希望创办一所免费女子高中，彻底解决山区女孩入学难的问题。于是她四处筹集资金，奔波了五年才筹集到1万元。经多方努力，2008年，华坪女子高级中学成立，这是全国唯一一所免费女高，专门供贫困家庭的女孩读书。

建校12年来，已有1804名大山里的女孩从这里走进大学完成学业，在各行各业贡献自己的青春与热血。华坪女高佳绩频传，可张校长的身体却每况愈下，患上了10余种疾病。可她却说：“当听到学生大学毕业后能为社会做贡献时，我觉得值了。她们过得比我好，比我幸福，就足够了，这是对我最大的安慰。”

“烂漫的山花中，我们发现你。自然击你以风雪，你报之以歌唱。命运置你于危崖，你馈人间以芬芳。不惧碾作尘，无意苦争春，以怒放的生命，向世界表达倔强。你是崖畔的桂，雪中的梅。”（颁奖词）

重温颁奖词，细读北宋晏殊《蝶恋花·槛菊愁烟兰泣露》：“槛菊愁烟兰泣露。罗幕轻寒，燕子双飞去。明月不谙离恨苦。斜光到晓穿朱户。昨夜西风凋碧树。独上高楼，望尽天涯路。欲寄彩笺兼尺素。山长水阔知何处。”

每每斟词酌句“西风凋碧树”“望尽天涯路”，昨夜通宵难眠卧听西风落叶之声如在耳畔。景也萧条，人也孤独，心潮澎湃。“独上高楼，望尽天涯路。”那登高望远的苍茫，那不见所思的落寞与惆怅，令我感慨万千，回想领着一群孩子坐在教室激动万分看近两年的“感动中国”十大人物的颁奖视频，当看到张桂梅校长的事迹，我油然想到一个问题：是什么力量让一个文弱女子在多年的追求中，演绎着胜过千古才子佳人千百倍的孤独、寂寞、追寻、期盼？带着这个问题，我跟许多有建树的同仁探讨，他们的回答是：无私、悲悯、坚韧、高尚、卓越……这些答案未尝不是，但我很想找到本质性源头性的东西。有一天，闲来赏读北宋柳永《蝶恋花·伫倚危楼风细细》：伫倚危楼风细细，望极春愁，黯黯生天际。草色烟光残照里，无言谁会凭栏意。拟把疏狂图一醉，对酒当歌，强乐还无味。衣带渐宽终不悔，为伊消得人憔悴。词评家说：“词人所忧‘春愁’，应是‘相思’二字。满怀愁绪挥之不去，是词人不想摆脱这‘春愁’，他心甘情愿为‘春愁’所虐，即使渐渐形容憔悴、瘦骨伶仃，也决不后悔。”读了这一段，我豁然开朗，一个人有了目标，在追求的道路上，求之不得之后哪怕形容消瘦还继续追逐无怨无悔，这是什么？这就是热爱。什么是热爱？非它不是，非它莫属，它是唯一，它是我心所许。

因为热爱，所以不懈追寻；因为热爱，所以默默忍耐；因为热爱，所以殷殷期盼。说到热爱，可能有人会问：热爱真的是衡量教育的定海神针吗？

读南宋辛弃疾《青玉案·元夕》：东风夜放花千树。更吹落、星如雨。宝马雕车香满路。凤箫声动，玉壶光转，一夜鱼龙舞。蛾儿雪柳黄金缕。笑语盈盈暗香去。众里寻他千百度。蓦然回首，那人却在，灯火阑珊处。

词评家说：“寻觅千百次，竟然是在灯火冷落之处发现了那人。人们都在尽情地狂欢，陶醉在热闹场中，可是她却在热闹外。灯火写得愈热闹，冷落则愈显。”

我说：好一个“众里寻他千百度。蓦然回首，那人却在，灯火阑珊处。”这难道仅仅只言相思的意外惊喜，这难道不是在说人生收获，事业的成功？热爱使人笃定，笃定使人坚毅，坚毅使人信心百倍期待追求的事业成功。这些都是一位教师成就自己事业的基础。

（一）热爱是教育事业之阳光

“昨夜西风凋碧树，独上高楼，望尽天涯路”；“衣带渐宽终不悔，为伊消得人憔悴”；“众里寻他千百度，蓦然回首，那人却在灯火阑珊处。”这些脍炙人口滋养心灵的文学琼浆，于人可能见仁见智，于我唯见热爱。教育孩子是一份艰苦而卓绝的事业，它利在孩子，益在家庭，用在社会，功在千秋。孩子受教育是头等大事，是输不起的，没有受过良好教育的孩子在一定情况下比忍饥挨饿的孩子更悲摧，更值得同情与关爱。一个家庭首要的投资是教育投资。一个社会，一个国家，一个民族，有没有美好的未来，首先应该看它有没有身心健康德才兼备的年轻一代。孩子优，则家好；孩子强则国强。而孩子优，教育必优；教育必优，则教师必优；教师必优，首必热爱，这是铁律。有了热爱，教师才会为了孩子什么苦都能吃，什么罪都能受，在他们的心目中，孩子求学成人成才的事是自己一辈子中的头等大事，于是，他们累死累活都不会在孩子面前吭一声，他们为孩子的进步而欣慰，为孩子的落后而心焦，他们时刻关心孩子的成长。

岁月镌刻着很多有情怀的教师的动人事迹，2021 年高考成绩揭晓后，我校 C1811、C1812 全体任课老师又惊又喜，响亮和文杰两位年青班主任他们的班级高考上线率 100%，上重点线的分别为 89%、90%。面对两份令人震撼的成绩单，我们就想到了平时两位班主任的辛劳，他们的班级学生基础参差不齐，每班都有十几个疏懒狂放的孩子，文化基础不是语文薄弱，就是英语一窍不通，考理科，没感觉，不听课，睡大觉，那是家常便饭，刚开始真有点惨不忍睹，束手无策。两位班主任怀揣对教育事业的热爱，从育心开始，查、纠、导、励多管齐下，再加上任课教师积极敲边鼓，很快有点熊的孩子也行起来了。昨天的艰辛，今天的成绩，它给 103 个家庭送去希望，给 103 个孩子搭建了未来人生的高大平台，这是一份多么了不起的荣光与贡献。

（二）热爱是孩子茁壮成长的甘霖

据说，有位很有生活情趣的老大爷丧了偶，内心孤独寂寞冷清，想续弦又怕晚辈耻笑，一天，他向儿子诉苦道："晚上一个人睡背痒。"儿子不解言外之意，漫不经心回答："买个抓子。"大爷沉默了。又过了一阵子，大爷又向儿子诉苦："一个人很霉（寂寞）。"儿子爱理不理回答："买部收音机给你。"大爷恼了一阵。冬天来了，房间墙凉凉，被清清，大爷油然而生明皇之叹："鸳鸯瓦冷霜华重，翡翠衾寒谁与共?"第二天，大爷又向儿子抱怨："一个人睡了脚冷。"儿子很不高兴地回答："好大的事呀？买个热水袋就行了。"大爷面对启而不发，又似乎有点装聋作哑的儿子彻底失望了。斗转星移，有一天大爷的儿子兴致勃勃来跟大爷商量儿子的婚事，大爷似笑非笑说："找什么对象，太费事了。一个人过，撩撇（简单）多了。背痒，一个抓子对付；耳慌，一部收音机对付；天冷，一个热水袋对付!"儿子听了呆若木鸡，脸是绿的。当然，世上没有这么冥顽不灵的儿子，这只是一个笑话而已，但透过笑话，我们应看到人的正常的需求。无论什么人都需要两个家园：一个是物质家园，一个是精神家园。有时精神家园更重要。

美国著名的社会心理学家马斯洛把人的需要分为7个基本层次：

1. 生理需求

生理上的需要是人们最原始、最基本的需要，如吃饭、穿衣、住宅、医疗等等。若不满足，则有生命危险。这就是说，它是最强烈的不可避免的最底层需要，也是推动人们行动的强大动力。当一个人为生理需要所控制时，其他一切需要均退居次要地位。

2. 安全需求

安全的需要要求劳动安全、职业安全、生活稳定、希望免于灾难、希望未来有保障等。安全需要比生理需要较高一级，当生理需要得到满足以后就要保障这种需要。每一个在现实中生活的人，都会产生安全感的欲望、自由的欲望、防御的实力的欲望。

3. 社交需求

社交需要包括对友谊、爱情以及隶属关系的需要。当生理上的需要和安全需要得到满足后，社交需要就会突显出来，进而产生激励作用。在马斯洛需求层次中，这一层级是与前二层级截然不同的另一层级。这些需要如果得不到满足，就会影响人员的精神，导致高缺勤率、低生产率、对工作不满及情绪低落。

4. 尊重需求

尊重的需要可分为自尊、他尊和权力欲三类，包括自我尊重、自我评价以及尊重别人。尊重的需要很少能够得到完全的满足，但基本上的满足就可产生推动力。

5. 认知需要

认知需要，又称认知与理解的需要，是指个人对自身和周围世界的探索、理解及解决疑难问题的需要。马斯洛将其看成克服阻碍的工具，当认知需要受挫时，其他需要的能否得到满足也会受到威胁。

6. 审美需要

审美需要是指人对美的生理、心理、精神的需求、欲望，是人的生命需求的一种表现方式，人所独有的自由自觉生命活动的本质特征和人的生存、发展的内在机制。人们对于美的需要也是一种基本的需要，比如希望行动的完美，对于事物对称性、秩序性、闭合性等美的形式的欣赏，对于美的结构和规律性的需要等，都是审美需要的表现方式。

7. 自我实现

自我实现的需要是最高等级的需要，是一种创造的需要。有自我实现需要的人，往往会竭尽所能，使自己趋于完美，实现自己的理想和目标，获得成就感。马斯洛认为，在人自我实现的创造过程中，产生出一种所谓的“高峰体验”的情感，这个时候的人处于最高、最完美、最和谐的状态，具有一种欣喜若狂如痴如醉的感觉。

孩子的心灵也有干涸的时候，他们渴望理解尊重，关心呵护，一句话，他们渴望被爱。我们不能简单认为保障了他们的衣食住行等物质生活就做得很不错了，我们还应很好地关注孩子一言一行，读懂孩子的精神需求。对事业热爱的教师，他们最了不起的地方是在孩子迷茫无助时带着那份真诚与热爱成功施教。

泰戈尔说："自然是物质的，而人却具有精神。"雨果说："人类的心灵需要理想甚于需要物质。"我欣赏这些闪烁着深刻哲理光芒的名言。我曾经旗帜鲜明地对学生说："一个人只要身体健康，衣食住行无后顾之忧，钱对他来说就是一张纸。"这句话就像平地一声惊雷震得学生个个高举起手和我辩驳，那热烈的场面，无不令人震撼。我确实是那种重义轻物的人，但几年前一位刚考入大学的孩子送的那一束美丽的康乃馨，我把它当成了宝贝，这件来之不易的特殊的礼物将温润我未来的岁月。那个教师节晚上，我们几位班主任，到自己的班级现一下身，没有特殊的情况就都回到办公室准备明天的功课。各干各的事，室内静悄悄。"大家好！""老师们好！"组长说："姐，这是我同学，特来看你！"说完就先走了。我还以为是新同学要来我班学习，一下子，林林同学春风满面走了进来，她是我班刚毕业才进大学的学生。她爸说，为了来看我，他们准备了很长时间，不是物质上的，而是心灵上的。他说孩子高考成绩很不错，进了她想去的大学，而且专业又是她喜欢的，于是孩子主动提出要去感谢班主任。他爸说，当时以为孩子只是随便说不会当真，就故意试探说："看什么啰，业都毕了，老师又那么'恶'。"看她逛这家那家店看礼品，就知道她是动真格的了。听了这些，我五脏六腑都好像春风里的嫩枝无限舒展。林林是高二随机分到我班的，班主任抓阄会上，组长轻轻问："林林在哪班？"我脑袋嗡了一下，回答："我班。"组长长长舒了一口气说："好呀！"眼角挂着一丝微笑。我却变成了闷葫芦。什么都不要问了，一切尽在不言中。新班第一堂班会课上我来了一个这样的开场白："今天 292 这个班号对我们来说是新的，但又将是永恒的。我们每位同学来自各方各家各班，为了一个共同的人生目标，我们聚到一起来了，作为你们的班主任，我将秉着英雄不问出处的原则，不问你们过去是学霸还是学孬，是优秀还是庸碌，是主动还是被动，我关注的是现在是今天是当下。我将竭忠尽智，助力你们圆大学梦。”这个开场白似乎让很多调皮捣蛋有前科的同学松了一口气。大凡同学分班都会对新班主任进行“人肉”搜索，班主任八辈子的老底都是透明的，优秀的同学纳闷了：班主任葫芦里到底卖什么药。然后，差不多一周的时间我是只看不说。头几天还过得去，最后几天那些不守纪律不读书闹事的小猴子都跳出来。射人先射马，擒贼先擒王。林林成了我整肃班风抓的第一只泼猴。我与她的那次长谈是在散步中进行的，我不愿将特别的教育活动放到严肃的办公室进行，我有意释放她的压力，让孩子不憋闷、不恐慌，尤其是像我这样以严教闻名的人，更应注意教育的和谐度。我知道她是一个饕餮，我就向她请教了很多吃方面的问题，自然地她谈到了她的家庭，她与父母的关系。我终于找到了她在班时不时吵闹的根本原因了。父母离异，各有各的新家，她成了多余人，没了存在感，她失宠了。这个缺爱的孩子，她是体育特长生，早晚训练很辛苦。我就宣布公共区、教室和寝室的卫生工作都不要她做，让她一心搞特长，作业不会做，就安排同学帮，叫每个同学都真心对她好。开运动会，她是班中的明星，我就大张旗鼓表扬奖励她。有空就找她聊一聊，怕同学吃醋，就背地里当着她的面夸奖她。她是一位极有悟性的孩子，当她的悟性与我的热爱完美结合，一段美丽的师生缘分便演绎出了令我踌躇满志刻骨铭心的故事。

三、怎样铸就定海神针——教育情怀

（一）牢记使命，立德树人，做“四有”好老师

我国正处于社会主义新时代，党的十九大报告指出：“我国社会主义主要矛盾已转化为人民日益增长的美好生活需要和不平衡不充分的发展之间的矛盾。”“教育公平均衡发展，满足人民对优质教育的需要，是新时代赋予教育事业的使命。”

习近平总书记说：“教师的工作是塑造灵魂，塑造生命，塑造人的工作，教师是学生道德修养的镜子。”“好教师有理想信念，有道德情

操，有扎实学识，有仁爱之心。”教师要“做学生锤炼品格的引路人，做学生学习知识的引路人，做学生创新思维的引路人，做学生奉献祖国的领路人。”

我们应该懂得，选择当老师就选择了责任，就要尽到教书育人、立德树人的责任，并把这种责任体现到平凡、普通、细微的教学管理之中。

要全面贯彻党的教育方针，落实立德树人根本任务，发展素质教育，推进教育公平，培养德智体美劳全面发展的社会主义建设者和接班人。首先我们教师自己就要在加强品德修养上下功夫，教育引导学生培育和践行社会主义核心价值观，踏踏实实修好自己的品德，成为有大爱大德大情怀的人。

深化教育体制改革，健全立德树人落实机制，扭转不科学的教育评价导向，坚决克服唯分数、唯升学、唯文凭、唯论文、唯帽子的顽瘴痼疾，从根本上解决教育评价指挥棒问题，解放思想，转变观念，不断践行。

1. 有理想信念

作为教师，我们要认清肩负的使命和责任，教育和引导学生热爱祖国、热爱人民、热爱中国共产党，教育和引导学生心中要有国家和民族，意识到肩负的责任，牢固树立为祖国服务、为人民服务的意识，立志成为党和人民需要的人才。

2. 有道德情操

我们要做道德高尚，以德施教、以德立身的楷模。坚持教书和育人相统一，坚持言传和身教相统一，坚持潜心问道和关注社会相统一，坚持学术自由和学术规范相统一，引导广大教师以德立身、以德立学、以德施教。用美德打动学生，引导学生。教师在课堂上展现的情怀最能打动人，甚至会影响学生一生。真信才有真情，真情才能感染人。

3. 有扎实学识

在信息时代做好老师，自己的知识必须大大超过要教给学生的范围，不仅要有胜任教学的专业知识，还要有广博的通用知识和宽阔的胸怀视野。做智慧型的老师，具备学习、处世、生活、育人的智慧，既授人以鱼，又授人以渔，能够在各个方面给学生以帮助和指导。要善于利用国内外的事实、案例、素材，在比较中回答学生的疑惑，既不封闭保守，也不崇洋媚外，引导学生全面客观地认识当代中国、看待外部世界，善于在批判鉴别中明辨是非。要有学识魅力，用真理的力量感召学生，以深厚的理论功底赢得学生。思想要有境界，语言也要有魅力，从教师的话语中，学生能够感受到教师的人格和学识。

4. 有仁爱之心

我们要时刻铭记教书育人的使命，甘当人梯，甘为铺路石，以人格魅力影响学生心灵，以学术造诣开启学生的智慧之门。对学生的教育和引导充满爱心和信任，在严爱相济的前提下，晓之以理、动之以情，让学生"亲其师""信其道"。用爱培育爱，激发爱，传播爱；通过真情、真心、真诚拉近与学生的距离，用爱滋润学生的心田，使自己成为学生的好朋友和贴心人。平等对待每一个学生，尊重学生的个性，理解学生的情感，包容学生的缺点和不足，善于发现每一个学生的长处和闪光点，让所有学生都成长为有用之才。

（二）提高思辨能力，探寻热爱教育事业的原动力

1. 教师地位崇高

习近平总书记谆谆教导我们："一个人遇到好老师是人生的幸运，一个学校拥有好老师是学校的光荣，一个民族源源不断涌现出一批又一批好老师则是民族的希望。"一个好老师是孩子人生的幸运，是学校的光荣，是民族的希望。由此可见，好老师多么宝贵，老师的地位是多么崇高，它关系到孩子一生的前途和命运，关系到学校的发展，关系到国家民族文明的进程。杨昌济先生的光辉事迹是习近平总书记卓见的最好佐证。

杨昌济，又名怀中，字华生，湖南长沙县人，伦理学家，教育家。1871 年 4 月 21 日出生于湖南省长沙县清泰都隐储山下的板仓冲，后

求学于岳麓书院，拥护康、梁变法主张，参加南学会、不缠足会等组织。先后留学日本、英国，主攻教育学、哲学、伦理学。

1913年后回国任教于湖南省第一师范学校，支持新文化运动，宣传《新青年》的主张。先后在《新青年》《东方杂志》上发表论文，介绍西方哲学、伦理学、教育学思想，提倡民主与科学，宣传新道德。参加筹备湖南大学，撰写《论湖南创立省立大学之必要》，被誉为“湖南大学蓝图设计第一人”。其一生以“欲栽大木拄长天”诗句明志。因世居长沙板仓，所以杨昌济先生后来被人称之为“板仓先生”“板仓杨”。

1915年，湖南一师学生毛泽东等发起驱逐校长张干的运动，张干要开除毛泽东等人的学籍，杨昌济与徐特立等教员出面，要求张收回成命。对毛泽东这个“资质俊秀”的高个子青年，杨昌济认为是“海内人才，前程远大”。

1917年上半年，杨昌济先生向《新青年》推荐发表毛泽东（“二十八画生”）的《体育之研究》。北洋政府决定撤销湖南高师，杨昌济坚决反对。为此，他与同仁呈文湘政府，历数保留高师并创办湖南省立大学的重要性。下半年，高师奉命撤销。经湖南省政府备案，成立湖南大学筹备处，由杨昌济等人主持其事。在湖南任教期间杨昌济支持新文化运动，宣传《新青年》的主张。关心毛泽东、蔡和森、萧子升等一批进步青年，并促成新民学会的成立。萧子升、蔡和森与毛泽东是杨昌济的三位得意弟子，他们品学兼优、志趣相投，人称“湘江三友”，毛泽东、蔡和森两位后来接受了马克思主义理论，都成了中国共产党与中国革命的领导人。

1918年6月，应蔡元培先生之聘，杨昌济先生任北京大学伦理学教授。他为赴法勤工俭学学生筹措经费，推荐毛泽东到北大图书馆工作，促成了爱女杨开慧与毛泽东的婚恋关系。

1919年五四运动时，发表《告学生》一文，表达对青年的热切期望，并参与发起北大哲学研究会，著文号召青年敢说敢做。杨昌济对毛泽东、蔡和森、萧子升、陈昌等一批进步青年关怀备至。

1920年1月17日，杨昌济病逝于北京德国医院。临终前曾致信好友章士钊（时任广州军政府秘书长、南北议和代表），推荐毛泽东和蔡和森，信中说："吾郑重语君，二子海内人才，前程远大，君不言救国则已，救国必先重二子。"

毛泽东后来深情回忆："给我印象最深的教员是杨昌济，他是从英国回来的留学生，后来我同他的生活有密切的关系。他教授伦理学，是一个唯心主义者，一个道德高尚的人。他对自己的伦理学有强烈信仰，鼓励学生立志做有益于社会的正大光明的人。我在他的影响之下，读了蔡元培翻译的一本伦理学的书。我受到这本书的启发，写了一篇题为《心之力》的文章。那时我是一个唯心主义者，杨昌济老师从他的唯心主义观点出发，高度赞扬我的那篇文章。他给了我一百分。"

曹典球在《杨昌济先生传》评价杨昌济说："湖南之师范教育，前清末年虽有中、西、南三路师范学堂及优级师范学堂之设，大辂椎轮，不为无功。但至高师成立，始有西洋伦理学、教育学及哲学等课程，其规划皆先生所首创。先生自精研中国经史、性理诸学数十年之后，又继续在日、英二国苦学九年之久，对于中西学术源流，政治风俗，了如指掌，加以本身之存养省察，事事物物，无不加以详密之分析，而后出之为语言，发之为文章，经师人师，备诸一身。以故来学之士，一受其熏陶，无不顿改旧时之宇宙观，如饮醇醪，受其影响。是以湖南之师范教育，至先生讲学高师时，乃与普通各科诸教育有所区别。虽先生所采之英、德哲学诸书以作教材，多唯心派家言，然在湖南教育史中实别开一新纪元，不可忽视！"

黎锦熙：杨君怀中，留学英伦及苏格兰有年，研究伦理教育，去年归自德，主湖南第一师范修身科讲席，是书即其所编讲义也。语语自道心得，故说理精；自述经验，故比事切；旁征泰西教理学说，析其同异，无所牵附，故博而下凿；即《论语》之内容而析为类，自成系统，亦无碎义，故约而不拘。盖非仅学校讲授之善本而已，世有笃志自修者，得是书以为研习经训之途径，其于修己、接人、观世、知化之道，思过半矣。

蔡元培在杨昌济逝世后的挽联中写道："学不厌，教不倦，本校失此良师。”字虽不多，却高度概括了杨昌济的一代师风。

李肖聃在《杨怀中先生逝世再志》中评价：“君，寒士也，诚乐乎道，而不以穷饿动其心，此其学之所以口进不已也。”

(M. https://baike. so. com/doc/5409647-5647677. html)

孟子曰：“君子有三乐，而王天下不与存焉。父母俱存，兄弟无故，一乐也；仰不愧于天，俯不怍于人，二乐也；得天下英才而教育之，三乐也。君子有三乐，而王天下不与存焉。”孟子说：“君子有三大快乐，以德服天下不在其中。父母健在，兄弟平安，这是第一大快乐；上不愧对于天，下不愧对于人，这是第二大快乐；得到天下优秀的人才进行教育，这是第三大快乐。君子有三大快乐，以德服天下不在其中。”

怀中先生以自己的厚德雄才开一代学风，树百代师风，成万代楷模，培养出毛泽东、蔡和森等经天纬地之才，此乃国之大幸，民之大幸，师之大幸，教育之大幸！吾辈当效仿之！

2. 教育行业是至纯至真至高至洁的净土

孩子们从几岁到十几岁，到二十几岁，心灵如红梅印雪，行动像鹰击长空，风神似春花绽雨，纯美，青春，朝气，和他们生活学习在一块儿，岁月的车轮会缓碾，生命之树会长荣。所有的文字符号，所有的定理公式，所有的道理文章像种子一样播种于孩子们心灵的原野，它便是带着希望，带着情怀，薪火相传的文明之花美丽新绽放。与孩子打交道，有的是质朴和纯粹，那感觉真美！

3. 孩子是最懂最会感恩的人

在孩子们筑梦、追梦、圆梦的成长路上，如果有一位老师，以德施教、以德立身，以自己的人格力量和人格魅力率先垂范、以身作则，引导和帮助他们把握好人生方向，特别是引导和帮助他们扣好了人生的第一粒扣子，成为他们道德修养的镜子，有“捧着一颗心来，不带半根草去”的奉献精神，自觉坚守精神家园、坚守人格底线，带头弘扬社会主义道德和中华传统美德，以自己的模范行为影响和鞭策他们，并且具有扎实的知识功底、过硬的教学能力、勤勉的教学态度、科学的教学方法，在信息时代，不仅有胜任教学的专业知识，还要有广博的通用知识和宽阔的胸怀视野，具备学习、处世、生活、育人的智慧，既授人以鱼，又授人以渔，能够在各个方面给他们以帮助和指导，用爱培育爱、激发爱、传播爱，用真情、真心、真诚滋润他们的心田，打开他们的知识之门，启迪他们的心智，浇灌他们美丽的心灵之花，用信任树立他们的自尊，让他们中的每一个都能健康成长，都能享受成功的喜悦，这样的好老师一定是孩子心灵的金字塔。

（三）从名人典故中吸取养分，坚定教育信念

从古至今，流传着许多好老师好学生的感人故事。

1. 程门立雪

宋朝学问家杨时，从师于程门。当时程颢、程颐兄弟俩是闻名天下的大学问家。杨时首先拜程颢为老师，学问日进。4 年后，程颢逝世。为了学识精进，他又拜程颐为老师。40 岁的杨时对老师还是那么谦虚、恭敬。

有一天，天空浓云密布，眼看一场大雪就要到来。午饭后，杨时为了找老师请教一个问题，约了同学游酢一起去程颐家里。守门人说，程颐先生正在睡午觉，他们不愿打扰先生，便一声不响地立在门外等着。鹅毛大雪，越下越大。他们站在门外，雪花在头上飘舞，凛冽的寒气，冻得他们浑身发抖，他们仍旧站在门外等着。

过了很长时间，程颐醒过来了，这才知道杨时和游酢在门外雪地里已经等了很久，便赶快叫他们进来。此时门外的雪，已经有一尺多深了。杨时后来成为著名的学问家，人们从四面八方来向他求教，有的甚至不远千里地来拜他为师，大家尊称他为“龟山先生”，他刻苦钻研，敬师亲师的故事成为杏坛千古佳话。

2. 毛泽东与徐特立跨越半个世纪的师生情

1913 年春，毛泽东考入五年制的湖南省立第四师范学校预科。第二年，省立第四师范学校合并于省立第一师范学校，毛泽东被编入本

科第8班。在这里，毛泽东开始了与徐特立长达半个世纪的交往，他们为中国的前途殚精竭虑，为民族独立和人民解放苦苦求索，这对师生互为导师、相互影响，共同谱写了中国教育史上不朽的传奇。

(1) 用教育改革人心

1913年，36岁的徐特立已是享誉湖南教育界的“长沙王”，而此时20岁的毛泽东正在寻求真理和志向。若“十年未得真理，即十年无志；终身未得，即终身无志”，他对这位断指血书“驱除鞑虏，恢复中华”的老师早有耳闻。这一年，徐特立被聘请为学校教员，教授教育学、各科教授法和修身等课程。

从1913年到1919年，徐特立在湖南一师任教6年。而毛泽东从1913年到1918年暑期毕业，前后共做了5年半的师范生。其间，知识渊博，思想进步，品德高尚的徐特立对毛泽东的学业和思想有相当的帮助和影响。毛泽东曾说：“我在湖南第一师范求学时，最敬佩的两位老师，一位是杨怀中先生，一位是徐老。”

徐特立教育学生，非常注重言教与身教相结合。早在1911年，徐特立任善化第一高小校长时，决意“用教育来改革人心”。1912年，他曾与姜济寰（时任长沙县知事）相商，打算在全县办1000所国民小学，为此，他创办长沙师范，任首届校长。在湖南一师兼课期间，徐特立总是步行往返长沙师范学校，路程十余里，无论刮风下雨，他总是坚持步行。徐特立担任校长，一个月拿20元工资，他把所得工资用来投资教育，几年下来欠债六七百元，人们说他“傻”，给他取了一个诨名“徐二镥锅”，对此，毛泽东曾有精辟的见解：“徐先生办长师，不顾利害，不怕牺牲，牺牲自己的一切，干别人不敢干的事情。这是那些自命聪明，善于计算的人所不肯做的，所以笑他傻。徐先生常常把方便让给别人，把困难担在自己肩上，惯于摆烂摊子，顶烂斗笠；在没有一间房子、没有一个钱的情况下，居然创办一所规模不小的师范学校，这真是镥锅精神。这种对他的讥笑，实际上是对他的赞扬。”

毛泽东十分推崇徐特立老师“不动笔墨不读书”的学习方法。徐特立认为：“读书要守一个‘少’字诀，不怕书看得少，但必须看懂看透。要通过自己的思考来估量书籍的价值，要用笔标记书中的要点，要在书眉上写出自己的意见和感想，要用一个本子摘抄书中精彩的地方。”毛泽东勤于做笔记，当时他有许多种笔记本，包括听课、自学、摘抄、随感和日记等积了好几网篮。

1919 年 5 月 4 日，五四运动爆发，对于青年学生的爱国行动，徐特立感到：“国家有前途、有办法，自己也觉得年轻了。”在毛泽东领导的“驱张运动”中，徐特立通过健学会带领教师向张敬尧索薪，并在城乡揭露张氏兄弟的罪恶，其后张敬尧以“通匪”罪通缉徐特立。是年 9 月 28 日，徐特立乘法国“波多斯”号货轮赴法勤工俭学。师生一别就是多年，再见面时，国内的革命形势又是另一番景象。

1926 年 12 月中旬，徐特立在长沙望麓园与回湖南考察农民运动的毛泽东会面，师生促膝长谈，探讨国家的前途和命运。徐特立向学生介绍了法国、比利时、德国的教育相关情况。毛泽东向老师介绍了大革命的性质、宗旨、目的、目标和他对革命方法、手段、道路的探索性意见，并向老师建议“走出书斋，到工人中去”“到农民中去考察一下，体验一下”，看一看农村中究竟发生了些什么变化。

1927 年春，徐特立到长沙县五美乡进行了一周的调查，他发现农村“一切权力归农会”，在农民协会的作用下，农村的社会面貌发生了翻天覆地的变化。不久，徐特立放弃了他奉行多年的“教育救国论”，投身到大革命的洪流之中。

（2）坚强的老战士

1927 年 4 月 12 日，蒋介石在上海发动反革命政变，逮捕和屠杀了大批共产党员和革命群众。5 月，在“黑云压城城欲摧”的危局下，50 岁的徐特立由李维汉介绍，经省委负责人彭公达批准，加入中国共产党。从此，徐特立在党组织里“真正获得了新生”。

同年 7 月，徐特立同老友朱剑凡来到武汉，在武昌农民运动讲习所见到了他的学生毛泽东。徐特立听从了学生的意见，动身前往湖南，以团结更多的进步人士跟共产党走。之后，徐特立参加八一南昌起义，他被选为革命委员会委员，兼任党务整顿委员会委员。起义部队遇到重大挫折后，队伍南下，他任第 20 军第 3 师政治部主任。1928 年 5 月，徐特立到莫斯科中山大学学习，并参加了在莫斯科召开的党的第六次全国代表大会。

1930 年 12 月 30 日，53 岁的徐特立风尘仆仆、昼伏夜行，终于来到中央苏区宁都小布，指挥第一次反“围剿”的毛泽东、朱德热情地迎接了徐特立。师生久别重逢，倍感亲切，一见面，毛泽东就用亲切的乡音爽朗地说：“徐老呀，我们又碰到一起来了！”

其后，徐特立以忘我的精神投入到苏区教育工作，提出“老公教老婆，儿子教父亲，秘书教主席，马夫教马夫，伙夫教伙夫，识字的教不识字的”扫盲方法。徐特立回忆说，毛泽东很关心当时的识字运动，为着“怎样教文盲写字，模范字怎样写法”，就曾跟他讨论两次，直到彻底得到解决才结束讨论。

1934 年 10 月，第五次反“围剿”失败后，中央红军被迫长征。57 岁的徐特立与董必武、林伯渠、谢觉哉等编入总卫生部干部休养连，从瑞金出发长征。

1937 年 1 月 31 日（农历十二月十九日）是徐特立 60 大寿。毛泽东早在 1 月 30 日就为老师写了一封热情洋溢的祝贺信。信中说：“你是我二十年前的先生，你现在仍然是我的先生，你将来必定还是我的先生。”贺信称赞徐特立是“革命第一，工作第一，他人第一”，总是拣难事做，从来也不躲避责任；祝愿他健康长寿，“成为革命党人与全体人民的楷模”。毛泽东的这封贺信高度评价了徐特立坚定不移、老当益壮的革命精神。

抗战胜利后，随着蒋介石“假和平，真独裁”面目的揭露，解放战争随之爆发。正值蒋介石调集大军进攻延安之际，中央决定隆重举行徐特立七十大寿庆典，以显示边区军民从容不迫、临危不惧的气度，与国民党反动派血战到底的信心。

1947 年 1 月 10 日，延安各界人士冒着严寒，来到中央大礼堂，参加徐特立的祝寿大会。大会由朱德主持，毛泽东等中央领导人到会祝贺。会上宣读了党中央的贺信。贺信称徐特立“代表了中国革命知识分子的最优秀传统”“对于民族和人民的事业抱有无限忠诚”，把徐特立的“一切优秀品质发扬光大是全党同志和全国人民的革命任务”。毛泽东为徐特立七十大寿题词：“坚强的老战士。”

3 月，国民党胡宗南部大举进攻陕甘宁边区，党中央主动撤离延安。徐特立根据工作安排，到华北解放区工作。

（3）毛主席是我的老师

在撤离延安前几天，毛泽东来到杨家岭徐特立的住处，询问老师需要什么。徐特立的干女儿徐乾知道毛泽东有两个热水壶，考虑到徐老年事已高，一路需要喝些热水，便脱口而出说需要一个热水瓶。毛泽东笑着点点头，坐了一会儿就走了。毛泽东走后，徐特立严厉批评徐乾不该向主席要热水瓶，说：“毛主席很辛苦，又在斗争最前线，更加需要，我要什么热水瓶呢?”不一会儿，毛泽东捧着热水瓶来了。当得知徐乾受到批评后，毛泽东对老师说：“徐乾做得对，不应该批评，我还要表扬她呢!”同时，毛泽东再三叮嘱老师：“年纪大了，沿途要骑牲口，少走点路。”毛泽东对老师的爱护之心可见一斑。

徐特立非常敬佩他的这位有着救国救民理想的学生。一次，徐特立听见有人对他孙女说：“你爷爷是毛主席的老师。”他连忙摆手说：“快莫这么说，快莫这么说，毛主席是我的老师。毛主席年轻的时候，在湖南第一师范读书，听过我的课，我只是他的一日之师，而毛主席则是我的终身之师。在旧社会，我想对人民贡献一点力量，但摸索了几十年，找不到出路。1927 年，我读了毛主席的《湖南农民运动考察报告》，得到启发，看出了中国革命的前途，就在这个时候我加入了中国共产党，懂得了革命，从此以后，我总是向毛主席学习。”徐特立不居功，不扬己，不以主席的老师自居，而是处处以身作则，教育身边的人。

毛泽东尊师敬贤，对老师关心、爱戴，永做学生的谦虚态度始终如一。徐特立博学多闻、谦虚好学，在毛泽东的影响下，毅然加入中国共产党，在艰苦卓绝的斗争中成长为“坚强的老战士”。1968 年 11 月 28 日，徐特立逝世后，中共中央的悼词上评价他是“光荣的一生，革命的一生，伟大的一生”。

（M. http://dangshi. people. com. cn/n1/2019/0902/c85037-31330412. htm）

第六章　精谋锦囊计——智引巧导

一、何谓锦囊计

《三国演义》第五十四回记载，赤壁之战后，屯兵公安的刘备向东吴孙权借了荆州，入川建蜀后，不肯归还，此事成了东吴头痛之事，东吴大将周瑜听说刘备的妻子刚刚去世，就设计要将孙权的妹妹孙尚香许配给刘备，让刘备到东吴入赘，到时将他幽囚，并用他换取荆州。诸葛亮识破此计，决计派赵云伴随刘备入东吴成亲。临行，诸葛亮悄悄对赵云说："你保护主公到东吴，我给你三个锦囊，囊中有三条妙计，你到东吴后依计而行。"后来赵云依计而行，保刘备成亲，并携新夫人安全返回荆州，使得周瑜的计谋成泡影，只落得"周郎妙计安天下，赔了夫人又折兵"的千古笑谈。"锦囊妙计"本意指诸葛亮封在锦囊中的神机妙算。现在比喻能及时解决紧急问题的方法。此文锦囊喻智慧教育。

二、为何必须实施智引巧导

培养孩子人文底蕴、科学精神、学会学习、健康生活、责任担当、实践创新六大核心素养，其实是培养孩子能够适应终身发展和社会发展需要的必备品格和关键能力，以科学性、时代性和民族性为基本原则，以培养"全面发展的人"为核心的工作，可谓任重道远，意义非凡。

养成受益终生的好习惯，形成爱人爱己的好品德，积累成就自我报效祖国人民的好才干，想要孩子具备这些素养，蛮教将是盲人点灯白费蜡。孩子成长需要智慧，没有智慧的成长是肤浅的成长，没有智慧的教育是苍白的教育。

譬如，面对单亲家庭的孩子时，我们常常欲言又止，不知从何说起，生怕出言不慎会在孩子娇嫩的心灵上留下无情的茧子；面对蛮横的学生时，我们可能敬而远之，我们担心拿蓑衣扑火，惹祸烧身；面对那些好习惯为零，坏毛病多如牛毛的学生我们常常慨叹不已，面对早恋早熟的学生，我们有可能视如异端，面对学品滞后的学生我们可能心灰意冷。凡此种种，难以言尽。对待棘手的教育对象，我们难道就束手无策吗？

伟大的教育家陶行知先生用自己的智慧回答了这个问题。

有一天，一位男生用砖头猛砸同学，陶校长便将其制止并叫他到校长办公室去。当陶校长回到办公室时，男孩已经等在那里了。陶校长随手掏出一颗糖给这位同学，温和地说：“这是奖励你的，因为你比我先到办公室。”接着他又掏出一颗糖，高兴地说：“这也是奖给你的，我不让你打同学，你立即住手了，说明你尊重我。”男孩将信将疑地接过第二颗糖，陶先生又诚恳地说道：“据我了解，你打同学是因为他欺负女生，说明你很有正义感，我再奖励你一颗糖。”这时，男孩感动得哭了，说：“校长，我错了，同学再不对，我也不能采取这种方式。”陶先生于是又掏出一颗糖：“你已认错了，我再奖励你一块。我的糖发完了，我们的谈话也结束了。”

四颗糖就将一个以暴制暴的恶性事件妥善解决，大教育家的智招真令人佩服和叫绝。陶校长独辟蹊径，在深入了解事件真相的基础上，以奖励替代批评，以奖励替代说教，以奖励替代惩罚，简单中见深刻，平常中见睿智，真不愧是大家。

三、怎样智引巧导

孙武在《谋攻》中曰："夫用兵之法，全国为上，破国次之；全军为上，破军次之；全旅为上，破旅次之；全卒为上，破卒次之；全伍为上，破伍次之。是故百战百胜，非善之善者也；不战而屈人之兵，善之善者也。

故上兵伐谋，其次伐交，其次伐兵，其下攻城。攻城之法为不得已。修橹轒辒，具器械，三月而后成，距堙，又三月而后已。将不胜其忿而蚁附之，杀士三分之一而城不拔者，此攻之灾也。

故善用兵者，屈人之兵而非战也，拔人之城而非攻也，毁人之国而非久也，必以全争于天下。故兵不顿而利可全，此谋攻之法也。

故用兵之法，十则围之，五则攻之，倍则分之，敌则能战之，少则能逃之，不若则能避之。故小敌之坚，大敌之擒也。

夫将者，国之辅也。辅周，则国必强；辅隙，则国必弱。

故君之所以患于军者三：不知军之不可以进而谓之进，不知军之不可以退而谓之退，是谓'縻军'；不知三军之事，而同三军之政者，则军士惑矣；不知三军之权，而同三军之任，则军士疑矣。三军既惑且疑，则诸侯之难至矣，是谓'乱军引胜'。

故知胜有五：知可以战与不可以战者胜，识众寡之用者胜，上下同欲者胜，以虞待不虞者胜，将能而君不御者胜。此五者，知胜之道也。

故曰：知彼知己者，百战不殆；不知彼而知己，一胜一负，不知彼，不知己，每战必殆。"

孙子说：战争的原则是，使敌人举国降服是上策，用武力击破敌国就次一等；使敌人全军降服是上策，击败敌军就次一等；使敌人全旅降服是上策，击破敌旅就次一等；使敌人全部降服是上策，击破敌兵就次一等；使敌人全伍降服是上策，击破敌伍就次一等。

所以，百战百胜，算不上是最高明的；不通过交战就降服全体敌人，才是最高明的。所以，上等的军事行动是用谋略挫败敌方的战略意图或战争行为，其次就是用外交战胜敌人，再次是用武力击败敌军，最下之策是攻打敌人的城池。攻城，是不得已而为之，是没有办法的办法。制造大盾牌和四轮车，准备攻城的所有器具，起码得三个月。堆筑攻城的土山，起码又得三个月。如果将领难以控制焦躁情绪，命令士兵像蚂蚁一样爬墙攻城，士兵死伤三分之一，可城池却依然没有攻下，这就是攻城带来的灾难。所以善用兵的将领，不通过打仗就使敌人屈服，不通过攻城就使敌城投降，摧毁敌国不需长期作战，一定要用“全胜”的策略争胜于天下，从而既不使国力兵力受挫，又获得了全面胜利的利益。这就是谋攻的方法。

所以，在实际作战中运用的原则是：我十倍于敌，就实施围歼，五倍于敌就实施进攻，两倍于敌就要努力战胜敌军，势均力敌则设法分散各个击破。兵力弱于敌人，就避免作战。所以，弱小的一方若死拼固守，那就会成为强大敌人的俘虏。

将帅，国君的助手。他们谋划缜密周详，那么国家必然强大，他们谋划疏漏失当，则国家必然衰弱。所以，国君对军队的危害有三种：不知道军队不可以前进而下令前进，不知道军队不可以后退而下令后退，这叫作束缚军队；不知道军队的战守之事、内部事务而同理三军之政，将士们会无所适从；不知道军队战略战术的权宜变化，却干预军队的指挥，将士就会疑虑。军队既无所适从，又疑虑重重，诸侯就会趁机兴兵作难。这就是自乱其军，坐失胜机。

所以，预见胜利有五个方面：能准确判断仗能打或不能打的，胜；知道根据敌我双方兵力的多少采取对策的，胜；全国上下，全军上下，意愿一致、同心协力的，胜；以有充分准备来对付毫无准备的，胜；主将精通军事、精于权变，君主又不加干预的，胜。以上就是预见胜利的方法。所以说：了解敌方也了解自己，每一次战斗都不会有危险；

不了解对方但了解自己，胜负的概率各半。

(M. http://www.hydcd.com/guwen/gw0126.htm)

教育孩子不是一场战争，但高明的军事家的用兵之道作为老师可以借鉴。怎么做？

（一）智谋——“师生共鸣”之招数

学生对老师，从陌生到熟悉，到信任到亲近与敬重，这个过程是一个情感共鸣的过程，需要智招才有好的收效。

1. 顺天致性，让孩子嗨起来，让校园青春起来

孩子一入班，班主任就官宣：在校三年要打得好一门子球，唱得好几首歌。大课间，文体课，要奔向篮球场，绿茵场。班干部要办好各类赛事：班内赛，班级赛；周赛，月赛，期赛。各类赛事有赞助有评比，有个人积分，与“三好学生”“优秀干部”各类积极分子荣誉挂钩。另外，传统节日搞小型活动。如三月三，放风筝，爬山，踏青，吃荠菜煮鸡蛋；五月五，端午节，吃粽子；八月十五吃月饼，过年回校发小红包等等。学校一年一度的体操比赛、艺术节，那是师生们津津乐道，精心准备的盛事。活动中，孩子们的每一个毛孔都舒张起来了，奔着得一等奖去，见缝插针地练，从身体到心理都是一次很好的磨砺。

2. 打开那扇窗，让孩子眼界阔起来，让校园阳光起来

节假日的作业很弹性。看一部好电影，看一个好电视连续剧，看一本好书，做几千字的有效笔记。回校接受检查评比，结果公布，优者表扬奖励，获得进步积分。指引学生自由读，学生还真有问题了，有一位学生曾好奇地问：老师《红楼梦》你读过几遍？曹雪芹喜欢林黛玉吗？为什么宝钗黛玉的判词是合判？语文老师惊讶不已，孩子的问题提得真好。读了很多遍《红楼梦》的老师在班上大张旗鼓地表扬了质疑的孩子，并把孩子的问题拿出来讨论，结论众说纷纭，最后，

老师把红学家的不同观点和自己的看法教给了学生。

判词：可叹停机德，堪怜咏絮才，玉带林中挂，金簪雪里埋。

其意思是林黛玉薛宝钗两位结合在一起，就是有才有德令人赞叹的好女子。德才兼备这是曹雪芹衡量好女子的标准。作者笔下，宝钗温婉贤淑，有才情，但德胜于才；黛玉，才华过人，而小性恣肆，有纯真，但才胜于德。黛玉是作者呕心沥血塑造的女主人公，“喜欢”一词还不足以形容作者对她的钟爱。林黛玉这位奇女子，风华绝代，才华横溢，敢爱敢恨，追求自由幸福，在那重权重势，关系复杂的社会，高洁如她，自然以悲剧完结。

3. 掌声雷鸣，让孩子笑起来，让校园温情脉脉起来

据说一位奄奄一息的老者，临死游丝一般的气息几天几夜不断，一大群子女伤心啼哭，各人轮流忏悔，无效。最后掌上明珠满妹子灵光一闪说：“大家不要哭了，围着床头，露出微笑，掌声响起来。”在热烈的掌声中，老父亲微笑驾鹤西去。大家不解，老满解释说，我们的父亲曾说，人生不为别的，就为鲜花和掌声。我这一生为别人鼓掌的日子多，别人为我鼓掌的时候几乎没有。我们在他弥留之际，送给他感恩的掌声，这是父亲大人最想得到的。

掌声是人生的最高奖赏。课堂上，孩子睡着了，教师要用关心的掌声唤醒他；孩子出错了，教师要用鼓励的掌声点拨他；孩子进步了，教师要用赞赏的掌声肯定他；课堂上掌声应无处不在，课堂是孩子的课堂，同时应有属于每个孩子的掌声。厌学的孩子听课了，有掌声；懒散的孩子动手了，有掌声；内敛的孩子开口答题了有掌声；怯懦的孩子红着脸问题目了，有掌声……这是热爱的掌声，成功的掌声，幸福的掌声，无价的掌声，也是温暖孩子一生的掌声。掌声雷动的课堂，激情飞扬，魅力四射，多么美的人文风景啊！

4. 讲好故事，让孩子的灵魂丰盈起来，让校园方正起来

“中华优秀传统文化是中国社会发展物质文明和精神文明的精髓。

其中修齐治平、尊时守位、知常达变、开物成务、建功立业这些核心思想理念，是中华民族对待人生、世界的看法；革故鼎新、与时俱进，脚踏实地、实事求是，惠民利民、安民富民，道法自然、天人合一，反映的是中华民族在国家治理和社会理想方面的愿景。这些思想在社会实践中形成并成为中国社会相约成俗、共同遵守的基本准则和价值理念，成为中华优秀传统文化的内核和本质，更是其真理性的核心体现。”这些核心思想观念我们要教给孩子。

“中华优秀传统文化是中华民族最根本的精神基因。中华优秀传统文化通过讲仁爱、重民本、守诚信、崇正义、尚和合、求大同展示了中华民族的价值追求和人格理想。这些优秀的文化传统是中华民族内在的秉性与标识，展示着与众不同又雍容涵括的独特气质，早就和每一个中国人融合在一起，是中华民族最根本的精神基因。”这些精神基因我们要巧妙植入孩子的灵魂深处。

“中华优秀传统文化是社会主义核心价值观的场域来源。中华优秀传统文化中的国家观念、仁政思想、民本思想、和谐思想、包容思想、修德思想、义利观为社会主义核心价值给予理念来源和内核支撑，逐步形成了国家、社会、个人三个层面的当代社会核心伦理道德规范，富强、民主、文明、和谐，自由、平等、公正、法治，爱国、敬业、诚信、友善，分别指向是国家、社会、公民方面所追求和实现的最高目标，又是作为具体人而需要恪守的基本价值规范，是中华优秀传统文化真理性的延续和发展，所以，中华优秀传统文化的精髓与社会主义核心价值观的内核是内在统一的。”这些至理伟论我们应让孩子很好地理解接受并在其成长与发展中不断践行。

(M. http://www.wenming.cn/wmzh_pd/jj_wmzh/201704/t20170410_4169892_2.shtml)

从古到今，中华文明史上，千千万万的仁人志士用自己的智慧和力量创造了和创造着积极入世的精神家园，成为中华优秀传统文化伟大的践行者，站在我们党新的一百年的交汇点，教师用中华民族各个历史时期杰出人物的故事陶冶孩子的性情，培养孩子的发展核心素养，使孩子的灵魂丰盈起来，使校园充满积极向上的正能量，乃是形象生动、饶有兴趣、活泼灵动的有效引导。那么，有哪些人物是最杰出的呢？我认为是：

（1）万世师表——孔子

孔子，名丘，字仲尼，是中华文化思想的集大成者，儒家学说的创始人。我国古代伟大的思想家、政治家、教育家。他提倡“仁义”“礼乐”“德治教化”，以及“君以民为体”，他的儒学思想渗入中国人的生活、文化领域中，同时也影响了世界上其他地区的大部分华人。

据《孔子世家》记载，孔子的祖上是殷商王室的后裔、宋国的贵族，先祖是商朝开国君主商汤。周初三监之乱后，为了安抚商朝的贵族及后裔，周公以周成王之命封商纣王的庶兄微子启于商丘建立宋国，奉殷商祀。微子启死后，其弟微仲即位，微仲是孔子的十五世祖。六世祖得孔氏，称孔父嘉。孔父嘉是宋国大夫，曾为大司马，封地位于宋国夏邑。在宫廷内乱中被太宰华督所杀，孔父嘉的儿子木金父避灾逃到鲁国的陬邑定居。木金父生孔防叔，孔防叔的孙子叔梁纥就是孔子的父亲，其官职为陬邑大夫，孔子的父亲叔梁纥（叔梁为字，纥为名）是鲁国著名的勇士，叔梁纥先娶施氏，生九女而无一子，其妾生一子孟皮，但有足疾（另一说法为孟皮小时候爬树摔下来）。在当时的情况下，女子和残疾的儿子都不宜继嗣。叔梁纥晚年与年轻女子颜征再生下孔子。由于孔子刚出生时头顶的中间凹下；又因孔子的母亲曾去尼丘山祈祷，然后怀下孔子，故起名为丘，字仲尼（仲为第二的意思，叔梁纥的长子为孟皮，孟为第一的意思）。孔子三岁时候，叔梁纥病逝，之后，孔子的家境相当贫寒。

孔子非常聪明好学，二十岁的时候，就学识渊博，被当时人称赞为“博学好礼”。同时，鲜为人知的是孔子继承了父亲叔梁纥的英勇，身高九尺三寸（今为 1.9 米以上），臂力过人，远非后世某些人认为的文弱书生的形象。并且，孔子酒量超凡，据说从来没有喝醉过。但孔子从不以武勇和酒量等为豪。孔子青年时代做过“委吏”（管理仓库的小官）、“乘田”（管理牧场的小官），事无大小，均能做到近乎完美。由于孔子超凡的能力和学识，很快得到不断提拔。到孔子五十一岁的时候，被任命为中都宰（相当于现在的市长），政绩非常显著；一年后升任司空（相当于现在的建设部长），后又升任大司寇（相当于今天的公检法司最高长官）；五十六岁时，又升任代理宰相，兼管外交事务（由于孔子升迁过快，不符合当时官员晋升标准，因此为代理宰相）。

孔子执政仅三个月，鲁国内政外交等各个方面就均大有起色，国家实力大增，百姓安居乐业，恪守礼法，社会秩序非常好（史书上称“路不拾遗，夜不闭户”），奸佞之人和刁民纷纷出逃；同时，孔子还通过外交手段，逼迫齐国将在战争中侵略鲁国的大片领地还给了鲁国。孔子杰出的执政能力让齐国倍感威胁，于是设计送鲁哀公美女良马从而让鲁国国君沉溺于酒色，以挤走道德至圣的孔子。

孔子离开鲁国后周游列国。孔子带弟子先到了卫国，卫灵公开始非常尊重孔子，按照鲁国的俸禄标准发给孔子俸粟 6 万，但并没给他什么官职，没让他参与政事。孔子在卫国住了约 10 个月，因有人在卫灵公面前进谗言，卫灵公对孔子起了疑心，派人公开监视孔子的行动，于是孔子带弟子离开卫国，打算去陈国。路过匡城时，因误会被人围困了 5 日，逃离匡城，到了蒲地，又碰上卫国贵族公叔氏发动叛乱，再次被围。逃脱后，孔子又返回了卫国，卫灵公听说孔子师徒从蒲地返回，非常高兴，亲自出城迎接。此后孔子几次离开卫国，又几次回到卫国，一方面是由于卫灵公对孔子时好时坏，另一方面是孔子离开卫国后，没有去处，只好又返回。

鲁哀公二年，孔子离开卫国经曹、宋、郑至陈国，服劳役的人将孔子师徒围困在半道，前不靠村，后不靠店，所带粮食吃完，绝粮 7 日，最后子贡向楚王求救，楚王派兵迎接孔子，孔子师徒才免于一死。

孔子64岁时又回到卫国，68岁时在其弟子冉求的努力下，被迎回鲁国，但仍是被敬而不用。

虽然大多数时候都受到了国君的礼遇，但由于孔子坚持的政治主张与当时急功近利的“霸道”不相符合，孔子在政治上没有过大的作为，但他治理鲁国的三个月中的成效，足见孔子无愧于杰出政治家的称号。

政治上的不得意，使孔子将很大一部分精力用在教育事业上。孔子打破教育垄断，开创了私学。孔子弟子多达三千人，贤人72，其中有很多皆为各国高官栋梁。孔子对后世影响深远，他在世时已被誉为“天纵之圣”“天之木铎”“千古圣人”，是当时社会上最博学者之一，并且被后世尊为至圣（圣人之中的圣人）、万世师表。曾修《诗经》《尚书》，定《礼记》《乐》，序《周易》，作《春秋》。

孔子曾这样形容自己：“其为人也，发愤忘食，乐以忘忧，不知老之将至云尔。”当时孔子已带领弟子周游列国9个年头，历尽艰辛，不仅未得到诸侯的任用，还险些丧命，但孔子并不知难而退，仍然乐观向上，坚持自己的理想，甚至是明知其不可为而为之。

子曰：“不义而富且贵，于我如浮云。”在孔子心目中，行义是人生的最高价值，在贫富与道义发生冲突时，他宁可受穷也不会放弃道义。孔子也曾说：“富与贵，人之所欲也；不以其道，得之不处也。贫与贱，人之所恶也；不以其道，得之不去也。”“富而可求也，虽执鞭之士，吾亦为之。如不可求，从吾所好。”

孔子以好学著称，对于各种知识都表现出浓厚的兴趣，因此他多才多艺，知识渊博，在当时很出名，几乎被当成无所不知的圣人，但孔子自己不这样认为，孔子曰：“若圣与仁，则吾岂敢？抑为之不厌，诲人不倦。”孔子学无常师，谁有知识，谁那里有他所不知道的东西，他就拜谁为师，因此说：“三人行，必有我师焉，择其善者而从之，其不善者而改之。”

孔子生性正直，又主张直道而行，他曾说："吾之于人也，谁毁谁誉？如有所誉者，其有所试矣。斯民也，三代之所以直道而行也。"

《史记》载孔子三十多岁时曾问礼于老子，临别时老子赠言曰："聪明深察而近于死者，好议人者也。博辩广大危其身者，发人之恶者也。为人子者毋以有己，为人臣者毋以有己。"这是老子对孔子善意的提醒，也指出了孔子的一些毛病，就是看问题太深刻，讲话太尖锐，伤害了一些有地位的人，会给自己带来很大的危险。怀着与人为善的理念，孔子创立了以仁为核心的道德学说，他自己也是一个很善良的人，富有同情心，乐于助人，待人真诚、宽厚。"己所不欲，勿施于人""君子成人之美，不成人之恶，小人反是""躬自厚而薄责于人"等，都是他的做人准则。

(M. https://baike. so. com/doc/5346943-5582390. html＃5346943-5582390-6)

(2) 千古忠臣——苏东坡的故事

①进京应试

嘉祐元年（1056 年），苏轼首次出川赴京，参加朝廷的科举考试。苏洵带着二十一岁的苏轼，十九岁的苏辙，自偏僻的西蜀地区，沿江东下，于嘉祐二年（1057 年）进京应试。当时的主考官是文坛领袖欧阳修，小试官是诗坛宿将梅尧臣。这两人正锐意诗文革新，苏轼那清新洒脱的文风，一下子令他们惊艳了。策论的题目是《刑赏忠厚之至论》，苏轼的《刑赏忠厚之至论》获得主考官欧阳修的赏识，却因欧阳修误认为是自己的弟子曾巩所作，为了避嫌，使他只得第二。苏轼在文中写道："皋陶为士，将杀人。皋陶曰杀之三，尧曰宥之三。"欧、梅二公既叹赏其文，却不知这几句话的出处。等到苏轼拜谒谢恩时，欧阳修就将这个问他，苏轼答道："何必知道出处！"欧阳修听后，不禁对苏轼的豪迈、敢于创新极为欣赏，而且预见了苏轼的将来："此人可谓善读书，善用书，他日文章必独步天下。"

②名动京师

在欧阳修的一再称赞下，苏轼一时声名大噪。他每有新作，立刻就会传遍京师。当父子名动京师、正要大展身手时，突然传来苏轼苏辙的母亲病故的噩耗。二兄弟随父回乡奔丧。嘉祐四年十月守丧期满回京，嘉祐六年（1061 年），苏轼应中制科考试，即通常所谓的“三年京察”，入第三等，为“百年第一”，授大理评事、签书凤翔府判官。四年后还朝判登闻鼓院。治平二年，苏洵病逝，苏轼、苏辙兄弟扶柩还乡，守孝三年。三年之后，苏轼还朝，震动朝野的王安石变法开始了。苏轼的许多师友，包括当初赏识他的恩师欧阳修在内，因反对新法与新任宰相王安石政见不合，被迫离京。朝野旧雨凋零，苏轼眼中所见，已不是他二十岁时所见的“平和世界”。

③自请出京

熙宁四年（1071 年）苏轼上书谈论新法的弊病。王安石很愤怒，让御史谢景在皇帝跟前说苏轼的过失。苏轼于是请求出京任职。熙宁四年至熙宁七年（1074 年）被派往杭州任通判，熙宁七年秋调往密州（山东诸城）任知州，熙宁十年（1077 年）四月至元丰二年（1079 年）三月在徐州任知州，元丰二年四月调往湖州任知州，革新除弊，因法便民，颇有政绩。

④乌台诗案

元丰二年（1079 年），苏轼四十三岁，调任湖州知州。上任后，他立即给皇上写了一封《湖州谢表》，这本是例行公事，但苏轼是诗人，笔端常带感情，即使官样文章，也忘不了加上点个人色彩，说自己“愚不适时，难以追陪新进”，“老不生事或能牧养小民”，这些话被新党抓了辫子，说他是“愚弄朝廷，妄自尊大”，说他“衔怨怀怒”，“指斥乘舆”，“包藏祸心”，讽刺政府，莽撞无礼，对皇帝不忠，如此大罪可谓死有余辜。他们从苏轼的大量诗作中挑出他们认为隐含讥讽之意的句子，一时间，朝廷内一片倒苏之声。这年七月二十八日，苏轼上任才三个月，就被御史台的吏卒逮捕，解往京师，受牵连者达数十人。这就是北宋著名的“乌台诗案”（乌台，即御史台，因其上植柏树，终年栖息乌鸦，故称乌台）。

乌台诗案这一巨大打击成为他一生的转折点。新党们非要置苏轼于死地不可。救援活动也在朝野同时展开，不但与苏轼政见相同的许多元老纷纷上书，连一些变法派的有识之士也劝谏神宗不要杀苏轼。王安石当时退休金陵，也上书说：“安有圣世而杀才士乎?”在大家努力下，这场诗案就因王安石“一言而决”，苏轼得到从轻发落，贬为黄州（今湖北黄冈）团练副使，本州安置，受当地官员监视。苏轼坐牢103天，几次危临被砍头的境地。幸亏北宋时期在太祖赵匡胤年间既定下不杀士大夫的国策，苏轼才算躲过一劫。

⑤被贬黄州

出狱以后，苏轼被降职为黄州（今湖北黄冈市）团练副使（相当于现代民间的自卫队副队长）。这个职位相当低微，并无实权，而此时苏轼经此一役已变得心灰意冷。苏轼到任后，心情郁闷，曾多次到黄州城外的赤壁山游览，写下了《赤壁赋》《后赤壁赋》和《念奴娇·赤壁怀古》等千古名作，以此来寄托他谪居时的思想感情。于公余便带领家人开垦城东的一块坡地，种田帮补生计。“东坡居士”的别号便是他在这时起的。

⑥东山再起

元丰七年（1084年），苏轼离开黄州，奉诏赴汝州就任。由于长途跋涉，旅途劳顿，苏轼的幼儿不幸夭折。汝州路途遥远，且路费已尽，再加上丧子之痛，苏轼便上书朝廷，请求暂时不去汝州，先到常州居住，后被批准。当他准备要南返常州时，神宗驾崩。常州一带水网交错，风景优美。他在常州居住，既无饥寒之忧，又可享美景之乐，而且远离了京城政治的纷争，能与家人、众多朋友朝夕相处。于是苏东坡终于选择了常州作为自己的终老之地。

元丰八年（1085年），宋哲宗即位，高太后以哲宗年幼为名，临朝听政，司马光重新被启用为相，以王安石为首的新党被打压。苏轼复为朝奉郎知登州（蓬莱）。四个月后，以礼部郎中被召还朝。在朝半月，升起居舍人，三个月后，升中书舍人，不久又升翰林学士知制诰，知礼部贡举。当苏轼看到新兴势力拼命压制王安石集团的人物及尽废新法后，认为其与所谓“王党”不过一丘之貉，再次向皇帝提出谏议。他对旧党执政后，暴露出的腐败现象进行了抨击，由此，他又引起了保守势力的极力反对，于是又遭诬告陷害。苏轼至此是既不能容于新党，又不能见谅于旧党，因而再度自求外调。

⑦筑建苏堤

元祐四年（1089年），苏轼任龙图阁学士知杭州。由于西湖长期没有疏浚，淤塞过半，“葑台平湖久芜漫，人经丰岁尚凋疏”，湖水逐渐干涸，湖中长满野草，严重影响了农业生产。苏轼来杭州的第二年率众疏浚西湖，动用民工20余万，开除葑田，恢复旧观，并在湖水最深处建立三塔（今三潭印月）作为标志。他把挖出的淤泥集中起来，筑成一条纵贯西湖的长堤，堤有6桥相接，以便行人，后人名之曰“苏公堤”，简称“苏堤”。苏堤在春天的清晨，烟柳笼纱，波光树影，鸟鸣莺啼，是著名的西湖十景之一“苏堤春晓”。

“东坡处处筑苏堤”，苏轼一生筑过三条长堤。苏轼被贬颍州（今安徽阜阳）时，对颍州西湖也进行了疏浚，并筑堤。绍圣元年（1094年），苏轼被贬为远宁军节度副使，惠州（今广东惠阳）安置。年近六旬的苏轼，日夜奔驰，千里迢迢赴贬所，受到了岭南百姓热情的欢迎。苏轼把皇帝赏赐的黄金拿出来，捐助疏浚西湖，并修了一条长堤。为此，“父老喜云集，箪壶无空携，三日饮不散，杀尽村西鸡”，人们欢庆不已。如今，这条苏堤在惠州西湖入口处，像一条绿带，横穿湖心，把湖一分为二，右边是平湖，左边是丰湖。

⑧流落儋州

苏轼在杭州过得很惬意，自比唐代的白居易。但元祐六年（1091年），他又被召回朝。但不久又因为政见不合，元祐六年八月调往颍州任知州，元祐七年（1092年）二月任扬州知州，元祐八年（1093年）九月任定州知州，元祐八年高太后去世，哲宗执政，新党再度执政，绍圣元年（1094年）六月，别为宁远军节度副使，再次被贬至惠阳（今广东惠州市）。

绍圣四年（1097年），年已62岁的苏轼被一叶孤舟送到了徼边荒凉之地海南岛儋州（今海南儋县）。据说在宋朝，放逐海南是仅比满门抄斩罪轻一等的处罚。他把儋州当成了自己的第二故乡，“我本儋耳氏，寄生西蜀州”。他在这里办学堂，介学风，以致许多人不远千里，追至儋州，向苏轼求教。在宋代100多年里，海南从没有人进士及第。但苏轼北归不久，这里的姜唐佐就举乡贡。为此苏轼题诗：“沧海何曾断地脉，珠崖从此破天荒。”人们一直把苏轼看作是儋州文化的开拓者、播种人，对他怀有深深的崇敬。在儋州流传至今的东坡村、东坡井、东坡田、东坡路、东坡桥、东坡帽等等，表达了人们的缅怀之情，连语言都有一种“东坡话”。

⑨最后结局

徽宗即位后，苏轼被调廉州安置、舒州团练副使、永州安置。元符三年（1100年）四月大赦，复任朝奉郎，北归途中，于建中靖国元年七月二十八日（1101年8月24日）卒于常州（今属江苏）。葬于汝州郏城县（今河南郏县），享年六十五岁。苏轼留下遗嘱葬汝州郏城县钧台乡上瑞里。次年，其子苏过遵嘱将父亲灵柩运至郏城县安葬。宋高宗即位后，追赠苏轼为太师，谥为“文忠”。

苏轼在词的创作上取得了非凡的成就，就一种文体自身的发展而言，苏词的历史性贡献又超过了苏文和苏诗。苏轼继柳永之后，对词体进行了全面的改革，最终突破了词为“艳科”的传统格局，提高了词的文学地位，使词从音乐的附属品转变为一种独立的抒情诗体，从根本上改变了词史的发展方向。

苏轼对词的变革，基于他诗词一体的词学观念和“自成一家”的创作主张。自晚唐五代以来，词一直被视为“小道”。虽然柳永一生专力写词，推进了词体的发展，但他未能提高词的文学地位。这个任务有待于苏轼来完成。苏轼首先在理论上破除了诗尊词卑的观念。他认为诗词同源，本属一体，词“为诗之苗裔”，诗与词虽有外在形式上的差别，但它们的艺术本质和表现功能应是一致的。因此他常常将诗与词相提并论，由于他从文体观念上将词提高到与诗同等的地位，这就为词向诗风靠拢、实现词与诗的相互沟通渗透提供了理论依据。

为了使词的美学品位真正能与诗并驾齐驱，苏轼还提出了词须“自是一家”的创作主张。此处的“自是一家”之说，是针对不同于柳永词的“风味”而提出的，其内涵包括：追求壮美的风格和阔大的意境，词品应与人品相一致，作词应像写诗一样，抒发自我的真实性情和独特的人生感受。因为只有这样才能“其文如其为人”（《答张文潜县丞书》），在词的创作上自成一家。苏轼一向以文章气节并重，在文学上则反对步人后尘，因而他不满意秦观“学柳七作词”而缺乏“气格”。

扩大词的表现功能，开拓词境，是苏轼改革词体的主要方向。他将传统的表现女性化的柔情之词扩展为表现男性化的豪情之词，将传统上只表现爱情之词扩展为表现性情之词，使词像诗一样可以充分表现作者的性情怀抱和人格个性。苏轼让充满进取精神、胸怀远大理想、富有激情和生命力的仁人志士昂首走入词世界，改变了词作原有的柔软情调，开启了南宋辛派词人的先河。

与苏诗一样，苏词中也常常表现对人生的思考。这种对人生命运的理性思考，增强了词境的哲理意蕴。苏轼虽然深切地感到人生如梦，但并未因此而否定人生，而是力求自我超脱，始终保持着顽强乐观的信念和豁达超然的人生态度。

苏词比较完整地表现出作者由积极转而矛盾苦闷，力求超脱自适而不断追求的心路历程和他疏狂浪漫、多情善思的个性气质。继柳永、欧阳修之后，苏轼进一步使词作中的抒情人物形象与创作主体由分离走向同一。

苏词既向内心的世界开拓，也朝外在的世界拓展。晚唐五代文人词所表现的生活场景很狭小，主要局限于封闭的画楼绣户、亭台院落之中。入宋以后，柳永开始将词境延拓到都邑市井和千里关河、苇村山驿等自然空间，张先则向日常官场生活环境靠近。苏轼不仅在词中大力描绘了作者日常交际、闲居读书及躬耕、射猎、游览等生活场景，而且进一步展现了大自然的壮丽景色。

苏轼用自己的创作实践表明：词是无事不可写，无意不可入的。词与诗一样，具有充分表现社会生活和现实人生的功能。由于苏轼扩大了词的表现功能，丰富了词的情感内涵，拓展了词的时空场景，从而提高了词的艺术品位，把词堂堂正正地引入文学殿堂，使词从“小道”上升为一种与诗具有同等地位的抒情文体。“以诗为词”的手法则是苏轼变革词风的主要武器。所谓“以诗为词”，是将诗的表现手法移植到词中。苏词中较成功的表现有用题序和用典故两个方面。

有了词题和词序，既便于交代词的写作时地和创作缘起，也可以丰富和深化词的审美内涵。在词中大量叙事用典，也始于苏轼。这既是一种替代性、浓缩性的叙事方式，也是一种含蓄深婉的抒情方式。苏词大量运用题序和典故，丰富和发展了词的表现手法，对后来词的发展产生了深远影响。

从本质上说，苏轼“以诗为词”是要突破音乐对词体的制约和束缚，把词从音乐的附属品变为一种独立的抒情诗体。苏轼写词，主要是供人阅读，而不求人演唱，故注重抒情言志的自由，虽也遵守词的音律规范而不为音律所拘。正因如此，苏轼作词时挥洒如意，即使偶尔不协音律规范也在所不顾。也正是如此，苏词像苏诗一样，表现出丰沛的激情，丰富的想象力和变幻自如、多姿多彩的语言风格。虽然苏轼现存的362首词中，大多数词的风格仍与传统的婉约柔美之风比较接近，但已有相当数量的作品体现出奔放豪迈、激荡磊落如天风海雨般的新风格，如名作《水调歌头》（明月几时有）。

在两宋词风转变过程中，苏轼是关键人物。王灼《碧鸡漫志》卷二说："东坡先生非心醉于音律者，偶尔作歌，指出向上一路，新天下耳目，弄笔者始知自振。"强化词的文学性，弱化词对音乐的依附性，是苏轼为后代词人所指出的"向上一路"。后来的南渡词人和辛派词人就是沿着此路而进一步开拓发展的。

苏轼对社会的看法和对人生的思考都毫无掩饰地表现在其文学作品中，其中又以诗歌最为淋漓酣畅。在二千七百多首苏诗中，干预社会现实和思考人生的题材十分突出。苏轼对社会现实中种种不合理的现象抱着"一肚皮不入时宜"的态度，始终把批判现实作为诗歌的重要主题。更可贵的是，苏轼对社会的批判并未局限于新政，也未局限于眼前，他对封建社会中由来已久的弊政、陋习进行抨击，体现出更深沉的批判意识。

苏轼一生宦海浮沉，奔走四方，生活阅历极为丰富。他善于从人生遭遇中总结经验，也善于从客观事物中总结规律。在他眼中，极平常的生活内容和自然景物都蕴含着深刻的道理，如《题西林壁》和《和子由渑池怀旧》两诗。在这些诗中，自然现象已上升为哲理，人生的感受也已转化为理性的反思。尤为难能可贵的是，诗中的哲理是通过生动、鲜明的艺术意象自然而然地表达出来，而不是经过逻辑推导或议论分析所得。这样的诗歌既优美动人，又饶有情趣，是名副其实的理趣诗。"不识庐山真面目"和"雪泥鸿爪"一问世即流行为成语，说明苏轼的理趣诗受到普遍喜爱。苏诗中类似的作品还有很多，如《泗州僧伽塔》《饮湖上初晴后雨》《慈湖夹阻风》等。苏轼极具灵心慧眼，所以到处都能发现妙理新意。

深刻的人生思考使苏轼对沉浮荣辱持有冷静、旷达的态度，这在苏诗中有充分的体现。苏轼在逆境中的诗篇当然含有痛苦、愤懑、消沉的一面，但苏轼更多的诗则表现了对苦难的傲视和对痛苦的超越。

苏轼学博才高，对诗歌艺术技巧的掌握达到了得心应手的纯熟境界，并以翻新出奇的精神对待艺术规范，纵意所如，着手成春。而且苏诗的表现能力是惊人的，在苏轼笔下几乎没有不能入诗的题材。

以“元祐”诗坛为代表的北宋后期是宋诗的鼎盛时期，王安石、苏轼、黄庭坚、陈师道等人的创作将宋诗艺术推向了高峰。就风格个性的突出、鲜明而言，王、黄、陈三家也许比苏轼诗更引人注目。然而论创作成就，则苏轼无疑是北宋诗坛上第一大家。在题材的广泛、形式的多样和情思意蕴的深厚这几个维度上，苏诗都是出类拔萃的。更重要的是，苏轼具有较强的艺术兼容性，他在理论上和创作中都不把某一种风格推到定于一尊的地位。这样，苏轼虽然在创造宋诗生新面貌的过程中作出了巨大的贡献，但他基本上避免了宋诗尖新生硬和枯燥乏味这两个主要缺点。所以苏轼在总体成就上实现了对同时代诗人的超越，成为最受后代广大读者欢迎的宋代诗人。

苏轼的文学思想是文、道并重。他推崇韩愈和欧阳修对古文的贡献，都是兼从文、道两方面着眼的。但是苏轼的文道观在北宋具有很大的独特性。首先，苏轼认为文章的艺术具有独立的价值，如精金美玉，文章并不仅仅是载道的工具，其自身的表现功能便是人类精神活动的一种高级形态。其次，苏轼心目中的“道”不限于儒家之道，而是泛指事物的规律。所以苏轼主张文章应像客观世界一样，文理自然，妙趣横生。他提倡艺术风格的多样化和生动性，反对千篇一律的统一文风，认为那样会造成文坛“弥望皆黄茅白苇”般的荒芜。

正是在这种独特的文学思想指导下，苏轼的散文呈现出多姿多彩的艺术风貌。他广泛地从前代的作品中汲取艺术营养，其中最重要的渊源是孟子和战国纵横家的雄放气势、庄子的丰富联想和汪洋恣肆的行文风格。苏轼确实具有极高的表现力，在他笔下几乎没有不能表现的客观事物或内心情思。苏文的风格则随着表现对象的不同而变化自如，像行云流水一样的自然、畅达。韩愈的古文依靠雄辩和布局、蓄势等手段来取得气势的雄放，而苏文却依靠挥洒如意、思绪泉涌的方式达到了同样的目的。苏文气势雄放，语言却平易自然，这正是宋文异于唐文的特征之一。

苏轼擅长写议论文。他早年写的史论有较浓的纵横家习气，有时故作惊人之论而不合义理，如《贾谊论》责备贾谊不知结交大臣以图见信于朝廷，《范增论》提出范增应为义帝诛杀项羽。但也有许多独到的见解，如《留侯论》谓圯上老人是秦时的瘾君子，折辱张良是为了培育其坚忍之性；《平王论》批评周平王避寇迁都之失策，见解新颖而深刻，富有启发性。这些史论在写作上善于随机生发，翻空出奇，表现出高度的论说技巧，成为当时士子参加科场考试的范文，所以流传极广。苏轼早年的政论文也有类似的风格特点，但随着阅历的加深，纵横家的习气遂逐渐减弱，例如元祐以后所写的一些奏议，内容上有的放矢，言词则剀切沉着，接近于贾谊、陆贽的文风。

史论和政论虽然表现出苏轼非凡的才华，但杂说、书札、序跋等议论文，更能体现苏轼的文学成就。这些文章同样善于推陈出新，但形式更为活泼，议论更为生动，而且往往是夹叙夹议，兼带抒情。它们以艺术感染力来加强逻辑说服力，所以比史论和政论更加具备美文的性质。

苏轼的叙事记游之文，叙事、抒情、议论三种功能更是结合得水乳交融。由于苏轼作文以“辞达”为准则，所以当行即行，当止就止，很少有芜词累句，这在他的笔记小品中表现得最为突出。如《记承天寺夜游》，全文仅八十余字，但意境超然，韵味隽永，为宋代小品文中的妙品。

苏轼的辞赋和四六骈文也取得了很高的成就。他的辞赋继承了欧阳修的传统，但更多地融入了古文的疏宕萧散之气，吸收了诗歌的抒情意味，从而青出于蓝而胜于蓝，创作了《赤壁赋》和《后赤壁赋》这样的名篇。《赤壁赋》沿用赋体主客问答、抑客伸主的传统格局，抒写了自己的人生哲学，同时也描写了长江月夜的幽美景色。全文骈散并用，情景兼备，堪称优美的散文诗。

苏轼甚至在四六中也同样体现出行云流水的风格，他在翰林院任职时所拟的制诰曲赡高华，浑厚雄大，为台阁文字中所罕见。他遭受贬谪后写的表启更是真切感人，是四六体中难得的性情之作。苏轼的散文在宋代与欧阳修、王安石齐名，但如果单从文学的角度来看，则苏文无疑是宋文中成就最高的一家。

(2M. https://baike. so. com/doc/5343377-5578820. html)

(3) 伟大领袖——毛泽东

一代伟人毛泽东于 1893 年 12 月 26 日出生在湖南省湘潭县韶山冲的上屋场。韶山冲是个美丽的地方，群山环抱，绿树翠竹；在一片松竹掩映的斜坡上，建有一座凹形的房屋，这种房屋当地称作“一担柴”式民居。房屋的墙都是用土砖砌的，一多半盖着青瓦，另一小半盖着稻草。毛泽东就出生在那青瓦屋里。这里叫上屋场。毛泽东的家门口有两个池塘，是夏天游泳的好地方。毛泽东的父亲叫毛顺生。毛顺生只读过两年书，7 岁就当家理事，但继承的却是一大笔欠债，不得已去当了几年兵，回来以后在家务农。他聪明能干，善于经商，还作粮食和猪牛生意，很快就还清了债，赎回了 15 亩稻田，日子越过越好。毛泽东的母亲叫文七妹，娘家离韶山冲只十几里地，与韶山冲只隔着一座云盘山，在湘乡县的四都唐家坨。文七妹中等身材，长得清秀，圆脸庞，宽前额，聪慧而善良，勤劳而俭朴，乐于助人，每逢灾荒之年，常接济穷人，深得乡亲们的赞誉。毛泽东出生以后，父母非常高兴，满月的时候做“三朝酒”，专门请一位有学问的老先生给他起了一个名字，叫“毛泽东”，字润之。毛泽东满月以后，母亲文七妹把他带到了外婆家。外婆非常疼爱这个外孙。就请算命先生给外孙测了八字，说要平安长大成人，必须拜一个长寿的干娘。谁长寿呢？外婆认为后山那块两丈多高的石头最长寿。于是，选了个黄道吉日置办了香烛酒醴，把毛泽东抱到那块大石头前面，让他作了个揖，拜这块大石头为“干娘”，还给他起了一个名字叫“石三”，按当地的习惯就叫他“石三伢子”。外婆舍不得外孙，毛泽东就留在外婆家，一直到4岁。毛泽东从小就聪明，人们都夸他长大了一定有出息，是个天才。那是石三伢子4岁的时候，过年了，外婆给他穿了一身新衣服，头上戴着一顶红风帽，和小朋友们一起玩耍。有一个白胡子老头，喜欢跟孩子们逗着玩。他故意板着脸，翘起白胡子，吓唬小孩子们，说：“不许你们在这儿玩，我要割掉你们的耳朵？”小朋友们一听，都吓得跑掉了，只有石三伢子站在那儿不动。白胡子老头就问他：“你为什么不跑呢？你不怕我割耳朵？”石三伢子一点都不害怕他，反而问道：“老阿公！你为什么要割我的耳朵呢？”白胡子老头觉得这个孩子挺有意思，一本正经地说：“我要割下你的耳朵做下酒菜！”石三伢子一点也不害怕，也一本正经地说：“一个人做事要讲道理。老阿公，你讲不讲道理？你如果有道理，我的耳朵就给你吃；你要是没道理，我就扯掉你的胡子。”石三伢子边说边笑眯眯地望着白胡子老头，还把红风帽子的扣解开，把耳朵露在外面。白胡子老头大吃一惊，心想：一个4岁的孩子就有这样的胆量和聪明，真是少见。毛泽东在外婆家住的时候，他的八舅开了一个家馆教孩子们读书。4岁的石三伢子跟着去当“旁听生”。几个弟兄背书的时候，因为他们平时贪玩，一个个都憋得满头大汗，脸涨得通红，谁也背不下来。这时候，小小的石三伢子站起来，说：“八舅，让我背吧！”八舅惊奇地说：“你能背吗？”“我能背下来，不信，你听！”石三伢子从容地“赵钱孙李，周吴郑王……”一气背了下来，一个字不错。外婆听说这件事以后，高兴地说：“石三伢子真是聪明，怕是天上的文曲星下了凡!”石三伢子6岁就开始跟着大人干活。他常和几个小伙伴去放牛。小孩子贪玩，玩高兴了，就忘牛，不是让牛吃了人家的禾苗，就是牛吃不饱。怎么才能又让牛吃得饱，又玩得好呢?石三伢子想了一个好办法：把小伙伴们组织起来，一伙人放牛，一伙人采野果子，割青草。然后，把牛拴起来，让它们吃割来的青草，小伙伴们就可以做游戏，讲故事。石三伢子在10岁的时候，为了反抗父亲和老师，曾经离家逃学。32年以后，1936年的秋天，毛泽东在陕北一个窑洞里接见美国著名记者埃德加·斯诺时，曾经有趣地把那次离家逃学称作“胜利罢工”。这是怎么回事呢?石三伢子家门口有两口池塘，有一位叫邹春培的老先生在池塘的南岸开了一个私塾，私塾建得像一个祠堂，青砖灰瓦，四个屋角上都有一个高高的风火垛子，很气派。私塾办在了厢房的楼上，只有七、八张桌子。这一年是1900年，石三伢子满7岁。毛顺生把儿子从唐家坨接回家，准备送石三伢子去私塾念书。石三伢子到了私塾见过邹老先生，就对着孔夫子的牌位磕了3个头，就算拜了师。邹春培老先生对孩子严厉是出了名的，经常打手板、打屁股、揪耳朵、罚站、罚跪。那时候的老师都信奉“不打不骂不成材”“棍棒底下出好人”。可是，石三伢子因为聪明好学，从来没有挨过板子。邹老先生挺喜欢石三伢子，可是，不喜欢他的倔劲。你看别的孩子，总是大声地朗读，声音一个比一个高。可是，石三伢子念书，总是不出声，邹老先生以为他不好好学。可是，让他背书的时候，他能一字不差地背下来。一天上课的时候，邹老先生让石三伢子背书，按规矩，背书要站起来。可石三伢子说什么也不站起来，就要坐着背。他说：“先生坐着，我也坐着!”邹老先生拿他没办法。1904年夏天，石三伢子10岁的时候发生了一件事。这一天，邹老先生要去吃生日酒，让学生们自己念书。七八个学生坐在屋里，念着念着不耐烦了。正是三伏天，热得不行，坐在木楼上就像在蒸笼里。有人提议到树林里捉斑鸠，还有人提议到稻田里捉泥鳅，而石三伢子提议到池塘里去洗澡，又凉快，又可以学游泳。大家听了都赞成。几个孩子脱光衣服跳进了池塘。有会水的，不一会儿就游到了池塘中间，不会水的，就在池塘边洗澡。天气很热，孩子们在水里越玩越高兴。就在几个孩子玩得高兴的时候，邹老先生吃酒回来了。他看到学生们玩水，非常生气。几个学生被叫到了屋里在孔夫子像前罚跪，浑身水淋淋的吓得战战兢兢。石三伢子偏偏不跪，说："洗澡是我带的头，要打就打我吧！"邹老先生气得火冒三丈，举起二指宽的竹篾片就要打，石三伢子一转身跑下了楼。邹老先生气得浑身发抖，追下了楼，学生们也跟着跑下了楼。邹老先生一口气跑到了毛家。毛顺生正在和雇工们一起舂米，见邹老先生气呼呼地跑来，不知怎么回事。邹老先生喘着气，大声地对毛顺生嚷道："你们家石三伢子不得了啦，我教不了了！"毛顺生历来家教很严，一听儿子在私塾不好好学，带头闹事，气得大声说道："这还了得！"他抓起一根楠竹丫子，和邹老先生一块跑到私塾，不管三七二十一，举起楠竹丫子向石三伢子抽去。石三伢子一躲，回头就跑，毛顺生哪里追得上他，急得直跺脚，骂道："畜生！你往哪跑！看我不打死你这没王法的东西！"石三伢子知道，父亲的脾气比邹老先生还暴躁，他不敢回家。这时候，回到家里，肯定要挨一顿打，连母亲也劝不住。石三伢子拼命地跑，决定不回家了。石三伢子跑了出来，可是，到哪儿去呢？他想去外婆家，一想不行，父亲肯定会找到他。他漫无目的地走着。他想如今皇帝废除科举，省城长沙、湘潭都有洋学堂，洋学堂里不读四书五经，不打板子，何不去看看。想着想着，就决定去湘潭，看一看洋学堂到底有什么不一样。石三伢子不停地走着，烈日当空，照得人热汗直流，没有戴草帽，没穿草鞋，光着脚板在发烫的碎石路上奔跑。两只脚烫得又疼又痒，一瘸一拐的，真不好受。石三伢子不声不响地走着，也不敢问路，怕人家知道他是逃学出来的。他走了三天，也不知道到了什么地方，只看见崇山峻岭，青翠的松树和竹林，稀稀落落的房屋。和上屋场的一样，哪里是湘潭呢？三天了，幸好一些好心的阿婆和大婶们给他饭吃，留他过夜。可是，什么时候能到湘潭呢？这一天，石三伢子又奔跑了一天，眼看天就要黑了。太阳落山了，晚霞散尽，天空出现了几颗星星，很快天边也挂上了一轮峨眉月，远处，一只猫头鹰咕咕地叫着，他有点着急了。上哪儿去过夜呢？正在石三伢子着急的时候，他在拐弯的地方隐隐约约看到一个人影。他壮了壮胆子走上前去，一看是位老爷爷，推着一辆装满木柴的木轮车，车轮子陷在一个坑里。老爷爷怎么用力车子也上不来，累得直喘粗气。石三伢子跑过去，说："老爷爷，我帮你推车吧！"老爷爷一看，是个孩子，说："看你像个念书的，你有力气推车吗?""老爷爷，你喊号子吧，试试看!"石三伢子双手抓住木轮车前面的横梁，用劲拉着车。老爷爷喊起韶山冲的号子，终于把车拉了出来。老爷爷十分感谢石三伢子，笑眯眯地向他，为什么天这么晚了还赶路。石三伢子一五一十说了缘由。老爷爷听了哈哈大笑，告诉他，你走了三天三夜也没走出韶山冲。这儿离你们家只有 8 里路，老爷爷说着一指："你看，那不是韶峰吗?"石三伢子借着月光一看，前面果然是一道藏青色的波浪形山谷，那最高的山峰像一把钝刀直指天空。那不就是韶峰吗？石三伢子帮助老爷爷把木柴推回了家，在老爷爷家里美美睡了一宿。天亮了，太阳升起。老爷爷慈祥地说："你快回家吧，你们家里到处在找你。"石三伢子说："我不能回去，回到家里父亲会打我的!"老爷爷说："不会的，你父亲已经托人带了话，只要你回家就不再打你，邹老先生也说，只要你发奋读书，以前的事就不再提了。"老爷爷还耐心地劝石三伢子："快回家吧！你才 10 岁，翅膀还没长硬，是飞不出韶山的!"石三伢子回到了家里，父亲真的没再打他。父亲和邹老先生对他的态度都温和了许多。这就是毛泽东 10 岁的时候逃学的故事，他自己后来称为"一次胜利的罢工"。不爱经书爱"杂书"，石三伢子跟邹春培老先生读了两年半私塾，为以后学习古文打了基础，毛泽东还是非常感激邹老先生的。湖南解放后，毛泽东曾打听邹老先生的下落，可惜邹老先生已经离开人世。1952 年，毛泽东曾接邹老先生的儿子邹普勋在中南海住了一个多月。毛泽东与邹普勋还记起一块洗澡的故事，两人不禁哈哈大笑。1904 年秋天，毛泽东转到关公桥私塾学了半年，老师是周少希。1906 年秋天，毛泽东又到井湾里私塾，老师叫毛宇居，又叫毛泽启。毛宇居是毛泽东的族兄；毛宇居比毛泽东大 12 岁，写得一笔好字，做得一手好文章。这时毛泽东是 13 岁的翩翩少年，先后读了 4 年私塾；对“四书”“五经”已经不爱读了。毛泽东从同窗好友那里借来一本《水浒全传》，梁山泊好汉们造反的故事一下子吸引了他。上课的时候怕老师发现，毛泽东便把《水浒全传》上面放一本《论语》，当老师走过来的时候，就装作认真读经书的样子，老师走开以后，他打开小说，用这种办法，他找来好几本小说看，许多同学也都仿效，班里出现了读小说风。时间长了，毛宇居终于发现学生上课都在看小说，很是头疼，禁止吧，也不好办，把小说都没收，狠狠处罚这些学生，罚跪、罚站、打屁股。都是十三四岁的少年，这样做也不妥。他知道石三伢子逃学的事，如今再打他一顿，他还不闹个天翻地覆？于是，毛宇居睁一只眼，闭一只眼，装作没看见。只是每天给石三伢子多点两页书，他自然没时间再多读小说。开始背书。毛宇居首先喊道：“毛泽东，背书！”石三伢子知道老师会来这一手，早有准备，站起来，挺起胸膛，滔滔不绝地一会把书背了下来。屋子里静悄悄，毛宇居也出乎意料，听得出了神。心想：到底聪明过人，过目不忘，将来要成大器。毛泽东虽不爱读经书，却对老师毛宇居非常敬重。全国解放后，他还与毛宇居多有来往。1959 年 6 月 25 日，毛泽东回到阔别 32 年的家乡，用自己的稿费置办了七桌酒席宴请家乡父老，毛宇居也在被请之列。毛泽东亲自向毛宇居敬酒，毛宇居慌忙站起，说：“主席敬酒，岂敢岂敢！”毛泽东爽朗一笑，大声说道：“敬老尊贤，应该，应该！”先是毛泽东后来从毛宇居那里回到了家，父亲毛顺生就让他在家里作田。毛顺生非常能干，已有 22 亩田，还兼做生意，人手不够，毛泽东回来不正好吗？毛泽东从小没少干农活，可是，总忘不了读书。一天劳动下来，本已很累，但每天晚上，毛泽东总是点上桐油灯看起了小说。一本《西游记》一打开，总放不下，满脑子里都是一群猴子跳来跳去。毛顺生发现毛泽东的屋里半夜还有灯光，就“早点睡吧！一盏桐油要好几铜板呢！”毛泽东舍不得放下小说，就用被单把窗户挡上，不让灯光漏出去。毛泽东白天干农活，晚上看书，半耕半读，两年中读了十几本小说。他自己没钱买书，就跟亲戚朋友借着看。他非常喜欢那些爱国的有本事的人物，像李逵、鲁智深、武松、岳飞，诸葛亮、孙悟空……特别痛恨那些奸臣，像秦桧，蔡京、高俅等人。他还发现一个问题，那些小说中，主要的角色都是王公、贵族、官吏、公子哥，为什么没有受苦的人，没有农夫工匠呢？他希望，有一天农夫工匠成为小说里的主人公，把农夫工匠们写成英雄豪杰。毛泽东在十岁之前，曾先后在几个私塾，还有湘乡私小学和长沙第一高级中学读书。但他觉得虽然学了不少知识，开阔了的眼界，但是，不论私塾也好，学校也好，都有很大的局限性，不能很好地满足他。1912 年 7 月，毛泽东下决心退学自修。他每天都到长沙定王台湖南图书馆去借书自学。从他的住地湘乡会馆到定王台有三华里路。那时候，没有公共汽车，毛泽东步行去定王台，早出晚归，早上第一个到，晚上最后一个走，中午出来买两块米糕充饥，坚持不断。当时，有一个管理员对毛泽东的刻苦自学非常敬佩，后来在毛泽东的影响下也走上了革命的道路。他在回忆这段情况时说，那时候，我们图书馆每天早上一开门就“欢迎”毛泽东，因为他每天必到，也来得最早，而且在外面等候多时了，每天下午关门，要“欢送”毛泽东，因为他走得最晚，不撵他，他还不走。毛泽东在后来回忆这一段生活时也说：“那时进了图书馆，就像牛闯进了菜园子，尝到了菜的味道，就拼命地吃。”毛泽东一生酷爱读书，在湖南图书馆他广泛阅读中外名著，政治的，历史的，文学艺术的，哲学，诗歌，神话，几乎什么书都读，对他以后走上革命的道路起了很大的作用。特别是他读了许多西方资本主义上升时期的社会科学与自然科学的重要代表作，什么达尔文的《物种起源》，严复译著的《天演论》等许许多多著作。这些书就不一一介绍了。通过自学这些书，毛泽东思想上受到最大影响的是进化论的思想。以前的学者宣扬的是“天不变，道亦不变”“今不如古”的思想，而毛泽东接受的西方思想的最大影响就是“物竞天择”，“优胜劣败”，“世道必进，后胜于今”。这主要的意思，用今天的话来讲，就是一切都在变化，也就是“与时俱进”的意思。在湖南图书馆自修时期有一件事对毛泽东的影响非常大，就是在这里毛泽东第一次看到一张世界大地图，这张世界大地图叫作《世界坤舆大地图》。毛泽东读过许多书，上过小学，中学，当过兵，但从来没有见过世界地图。他知道世界很大，10 岁时离家走 3 天没走出韶山，但世界到底有多大？他不知道。他在湖南图书馆每天都要经过这张世界大地图，不知看了多少遍，感慨万千。过去认为湘潭很大，湖南很大，中国被称为天下，那就更大，但是从这张世界大地图上毛泽东看到中国只是世界的一小部分，湖南就更小。湘潭在地图上都看不到，甭说韶山了。世界真的太大了。特别是，毛泽东从世界大地图联想到，世界那么大，人也多得很。那么多的人，他们都是在怎样生活呢？他从亲身经历看他周围的人，很多都生活得很苦，很多普通老百姓都在受着统治，受着压迫剥削。他认为这非常不合理，他认为应该改变。要改变就要消灭人剥削人，人压迫人的现象，而这种变化不会自己发生，就要进行革命。在毛泽东的思想上，从青年的时候就树立了消灭剥削，解放大众，为人民谋幸福的思想。他在那时候就想到，青年的责任重大，要为全中国痛苦的人，全世界痛苦的人奉献自己全部的力量，这是非常不简单的。一幅世界大地图，使 18 岁的毛泽东胸襟宽阔，立下鸿鹄大志。

当时的湖南图书馆建在定王台。相传西汉景帝与宠姬的侍婢生一儿子，叫刘发，刘发被封为定王，其封地远在长沙。定王刘发在长沙常思念母亲，就派人将长沙的大米远运长安，再从长安运回泥土。时间一长，运回的泥土就堆积起来，筑成一座高台。定王每天登上这个高台遥望西北方，思念自己的母亲。后人就把这个高台称为定王台。天长日久，定王台不复存在，清朝末年，这里盖了一栋两层的小洋楼，辛亥革命后在这儿办一个湖南图书馆，就是毛泽东常去看书的地方。1938 年，一场大火将图书馆烧毁，抗日战争胜利后，这里修建了一个小学叫定王台小学，到了 1985 年，为纪念毛泽东常在这里自学，又重建了长沙市图书馆。

(3M. http://www.cctv.com/lm/808/34/58588.html)

(4) 人民总理——周恩来

①为中华之崛起而读书

“为中华之崛起而读书”这一激励中华儿女的励志名言，是 1911 年 14 岁的周恩来在回答老师提问时所说。1898 年 3 月 5 日，周恩来出生在江苏淮安。1910 年来到东北，先在铁岭上小学，后又转到沈阳东关模范小学。1911 年的一天，正在上课的魏校长问同学们：你们为什么要读书？同学们纷纷回答：为父母报仇，为做大学问家，为知书明礼，为让妈妈妹妹过上好日子，为光宗耀祖，为挣钱发财……等到周恩来发言时，他说：“为中华之崛起！”魏校长听到一惊，又问一次，周恩来又加重语气说：“为中华之崛起而读书！”周恩来的回答让魏校长大为赞赏。周恩来是如何确立起这一初心呢？

幼年童年时期的家庭变故使周恩来比同龄人更懂事。周恩来才出生的第二天，他的外祖父万青选就去世了。不到半岁，又因小叔父周贻淦生病没有子女，按照淮安的风俗，周恩来被过继给小叔父做嗣子，大人们希望通过过继的方法，一能解决小叔父的传代问题，二能希望用过继这种当地认为是“冲喜”的方法治好小叔父的痨病。可是不久他的小叔父就去世了。到 1907 年春天，周恩来的生母万氏因家庭生活的操劳，在 35 岁时得了肺痨去世。不久养母陈氏也因病去世，10 岁的周恩来作为长子就操办起养母的丧事，并用船把养母陈氏的遗体从清江浦运回淮城和小叔父合葬。家庭的变故让幼年童年时期的周恩来比同龄人更早地体会到失去亲人的痛苦、生活的艰辛和人情的冷暖，10 岁时的周恩来已经“佐理家务，井然有序”。

童年生活的艰辛鞭策他要改变现状。周恩来的祖籍是浙江绍兴，外祖父的祖籍是江西南昌，到祖辈时两家到淮阴、淮安当县官，两家相识结为姻亲。祖父 50 多岁时就去世了，生前不事生产，不买地，只有房产。到了父辈，家庭开始中衰，叔父当师爷，父亲做文书常年在外不回家，入不敷出。周恩来从小就懂得生活艰难，特别是为了生母养母治病，常常把家里值钱的物件拿去典当换钱买药。童年生活的艰辛较早地让周恩来体谅到父辈的不易，没钱维持正常生活的艰辛也让他较早地懂得了家里的柴米油盐来之不易，过上好日子的朴素想法在少年周恩来的心里扎下了根。

四位女性的早期教育让他知书明礼。在周恩来的幼年童年生活中，有四位女性对他的成长产生了重要的影响。生母万氏，生于官宦之家（其父是淮阴县令），为人善良，性格爽朗，美丽端庄，具有良好的家庭教育素养。她生前处事精明干练，排难解纷的能力强，出面调解家族内纠纷时经常带周恩来同去，对幼年周恩来的基本礼仪、人情来往、主持公道、操持家务、做事认真细致以及人生观的形成都产生了重要影响。嗣母陈氏，受过教育，知书达礼，喜好安静，较早地对周恩来进行文化启蒙教育，经常给他讲故事，如《天雨花》《再生缘》里面的故事，教他认字学文化，还送他到私塾读书，所以从 8 岁开始周恩来就可以读小说《西游记》《水浒传》《红楼梦》等。周恩来从生母身上学到了爽朗的性格，从养母身上学到了好静的性格。乳母蒋氏，是贫苦农民，周恩来出生后她到周家做周恩来的乳母，一直到周恩来离开淮安去东北都在周家劳作，小时候的周恩来经常跟着蒋妈，看她劳动，蒋妈也教他认识各种农活和植物常识，还带他到老家和自己的孩子一起玩耍，让年幼的周恩来知道了农事和农民的艰苦生活。还有一位八婶母杨氏，在周恩来生母养母去世之后成了周恩来的实际抚养人，对周恩来的影响也很大，周恩来对八婶母的感情也很深。四位女性对周恩来的影响是多方面的，从基本生活能力、处世经验、人生观的形成，性格的养成到对社会的看法都有很大帮助。

参观关公祠和日俄战争遗址让他认识到落后就要挨打的惨痛教训。清末抗英名将关天培是淮安人，淮安城内建有关忠节公祠，周恩来少年时经常随养母陈氏到公祠里参观，养母给他讲解关天培抗英为国捐躯的故事，让少年周恩来对民族英雄产生崇敬之情。到东北上学期间，随同学到奉天南郊魏家楼小住，参观日俄战争遗址，听当地老人讲述日俄战争的经过和中国人民饱受的苦难，让他知道了落后就要挨打被侵略、国破家亡的道理。在他幼小心灵里萌生了为中华崛起、解救人民于水火之中的豪情壮志。

到东北上学接受西学教育，思想受到启蒙。周恩来小时候在淮安，除了得到养母陈氏的文化教育外，还在私塾读书学文化，到东北求学开始接触西学。周恩来 1946 年 9 月在接受美国记者李勃曼采访时说："十二岁那年，我离家去东北，这是我生活和思想转变的关键，没有这一次的离家，我的一生一定也是无所成就，和留在家里的弟兄辈一样，走向悲剧的下场。""从受封建教育转到受西方教育，从封建家庭转到学校环境。"到东北上学，让周恩来开阔了眼界，知道了外国的一些情况，也初步看到了国弱民穷受欺凌的国内现状，当听到辛亥革命爆发，推翻清朝统治的消息后，在学校率先剪去象征清朝臣民的辫子。于是在魏校长问同学们为何读书的时候，他能自然而然地说出"为中华之崛起而读书"的励志名言。

周恩来从小学时立志"为中华之崛起"而读书，到南开学校毕业时与同学们互赠"愿相会于中华腾飞世界时"的留言，到日本留学又回国参加五四运动，再到欧洲勤工俭学又回国投身革命……就一直为中华之崛起而奋斗。少年定下初心，之后为之奋斗终身，周恩来这种坚定的理想信念和执着的人生追求永远是我们共产党人学习的典范。

石平洋

2019 年 01 月 11 日

（4M. http://dangshi.people.com.cn/n1/2019/0111/c85037-30516609.html）

②周恩来的十条家规

1968 年，周恩来的一个侄女赴内蒙古插队，由于表现好，经当地群众推荐，应征参军。周恩来得知后说：“你参军虽然符合手续，但内蒙古那么多人，专挑上了你，还不是看在我们的面子上？我们不能搞特殊化，一点也不能搞。”周恩来还专门给相关同志提出：“你们再不把孩子退回去，我就下命令了。”这个侄女最终脱下军装，返回内蒙古草原插队劳动。临行时，周恩来说，我自己没有孩子，但要教育侄子侄女走自己这一条路。

事实上，早在新中国成立之初，因不少故乡亲友要谋求一官半职，周恩来曾专门召集家庭会议，定下“十条家规”：

一、晚辈不准丢下工作专程来看望他，只能在出差顺路时去看看；

二、来者一律住国务院招待所；

三、一律到食堂排队买饭菜，有工作的自己买饭菜票，没工作的由总理代付伙食费；

四、看戏以家属身份买票入场，不得用招待券；

五、不许请客送礼；

六、不许动用公家的汽车；

七、凡个人生活上能做的事，不要别人代办；

八、生活要艰苦朴素；

九、在任何场合都不要说出与总理的关系，不要炫耀自己；

十、不谋私利，不搞特殊化。

周恩来是国家总理，管理着一个“大家”，他始终把自己当作人民的勤务员，以身作则，从自己做起，从自己家里做起，决不让亲属之事影响“大家”。周恩来的十条家规，不仅是对亲属的严格要求，更是培养干部家风的极好教材。它像一面镜子，告诫我们如何掌好权、用好权，如何过好权力关、亲情关。

张东明来源：人民网——《人民日报》（2015 年 04 月 21 日 18 版）

（5M. http://dangshi. people. com. cn/n/2013/0802/c85037-22426581. html）

（5）党和人民的好领袖——习近平

①故事一：习近平总书记与焦裕禄

2014 年 3 月，习近平在河南兰考调研指导党的群众路线教育实践活动时谈到，1966 年 2 月 7 日，《人民日报》刊登了穆青等同志的长篇通讯《县委书记的榜样——焦裕禄》，我当时上初中一年级，政治课老师在念这篇通讯的过程中多次泣不成声。特别是念到焦裕禄同志肝癌晚期仍坚持工作，用一根棍子顶着肝部，藤椅右边被顶出一个大窟窿时，我受到深深震撼……

我们这一代人都深受焦裕禄精神的影响，是在焦裕禄事迹教育下成长的。我后来无论是上山下乡、上大学、参军入伍，还是做领导工作，焦裕禄同志的形象一直在我心中。

背景延伸

习近平曾在担任福州市委书记时于 1990 年 7 月 15 日填写，并在 7 月 16 日《福州晚报》上刊登的《念奴娇·追思焦裕禄》词：“中夜，读《人民呼唤焦裕禄》一文，是时霁月如银，文思萦系……

魂飞万里，

盼归来，

此水此山此地。

百姓谁不爱好官？

把泪焦桐成雨。

生也沙丘，

死也沙丘，

父老生死系。

暮雪朝霜，

毋改英雄意气！

依然月明如昔，

思君夜夜，

肝胆长如洗。

路漫漫其修远矣，

两袖清风来去。

为官一任，

造福一方，

遂了平生意。

绿我涓滴，

会它千顷澄碧。”

②故事二：习近平总书记的航天梦

2013年5月4日，习近平来到中国航天科技集团公司中国空间技术研究院，参加共青团“实现中国梦，青春勇担当”主题团日活动。

“我当时在延川县梁家河村当知青，听到了发射成功的消息，非常激动!”站在“东方红一号”总装的历史图片前，习总书记重温当年。1969年初，习近平来到陕北农村插队，随后的7年中，他将青春奉献给了延川县文安驿公社梁家河大队。

“我们一起来参观航天科技成就展，感受载人航天精神，激励包括广大青年在内的全国各族人民为实现中华民族伟大复兴的中国梦而奋斗，这样的纪念是很有意义的。”3个小时的参观，习近平总书记与优秀青年代表说青春，论志向，谈梦想。

背景延伸

1970年4月24日21时35分，我国首颗人造卫星东方红一号由长征一号运载火箭从酒泉卫星发射中心发射，约 13 分钟后进入预定轨道。这也使我国成为继苏联、美国、法国和日本之后，第 5 个完全依靠自己的力量成功发射卫星的国家。

该星不仅全部达到了设计要求，而且质量达到 173 千克，比前 4 个国家首颗卫星的质量总和还要多出近 30 千克。

同时，该卫星在跟踪手段、信号传输形式和星上温控系统等技术方面，均超过了上述国家首颗卫星的水平。东方红一号搭载的各种科学仪器工作时间远远超过了设计额定要求，取得了大量的工程遥测参数，为后来的卫星设计和研制工作提供了重要依据。

来源：新华网

③故事三：习近平总书记在延安插队时面临过“五关”的考验

第一关是跳蚤关。2004 年 8 月，时任浙江省委书记的习近平曾接受延安电视台《我是延安人》节目专访。在节目中，习近平回忆了第一次来到延安插队时很不适应的各种情形：第一关是过跳蚤关。很有意思，我一去最受不了的就是跳蚤，不知道现在还有没有了，当时那个跳蚤，我这个皮肤很过敏，一咬就是成片的红包，最后红包就变成水泡了，水泡就烂掉，哎呀，痛不欲生啊。但是三年以后过去了，那也真是叫“牛肉马皮”了，不怕咬了。

第二个关是饮食关。刚才讲了什么都不会吃，不爱吃，五谷杂粮，那哪是五谷杂粮？是糠菜半斤粮，慢慢地我们就学会了，什么都吃了，没有吃的还不吃嘛？最后最爱吃老百姓送来的东西。这家送来一个玉米糕，那家送来一个高粱米的团子，吃得都很好。酸菜成为我最好的美味佳肴，以至于到后来，我到现在还想念那个酸菜。我们曾经可能都有几个月不吃肉的经历，见到了肉以后，我和我那个同学切下来就忍不住生肉都吃了。经过这么一个过程，这是饮食关。

第三个关是生活关。生活关就是什么也不会做，什么都要依靠别人，后来就慢慢什么都学。我们都学着捻毛线，但是织袜子我还是织不好，羊毛袜子，但是缝衣服、缝被子这些活都是自己做，所有的这一套生活上的事情都会自己料理，所以这个是受益无穷啊。到现在为止我们的生活自理能力很强，就是在那打下的基础。

第四关是劳动关。劳动，刚才讲了嘛，我刚去上了山就气喘吁吁，后来给我们评的分是六分，当时六分是什么呢？刚刚参加劳动的小女孩，十五六岁，我们当时也十五六岁，拿跟我们一样的工分，我们觉得简直是一种歧视，实际上是自己没本事。但是这一年下来我就干得没黑没白，风里雨里我们都在窑洞里铡草，牲口圈里铡草，然后一样一样地学。当然这些，一年过去了以后全掌握了，体力也上来了。后来就评成十分，十分还是里边最壮的劳动力。像我们到夏天担麦子，那也就是最多二百斤，十里山路一口气就下来了。这个是第四关。

第五关是思想关。开始是格格不入啊，我刚一去了以后，看到我们这个窑洞在半山上，星星点点的煤油灯，我跟我的同学说，我说你们感觉有没有像山顶洞人的感觉，那都是说得很不像话了，但是后来我们就是在这样的环境中住了七年。

④故事四：习近平挑起了梁家河大队支部书记重担

2004 年 8 月，时任浙江省委书记的习近平曾接受延安电视台《我是延安人》节目专访，畅谈自己的生活、工作和家庭等，回忆在延安的插队岁月。

在梁家河村村民的强烈要求下，梁家河村所在的文安驿公社请示县委破格批准了他的入党申请。20 岁的习近平挑起了梁家河大队支部书记的重担，他扑下身子带领社员不分昼夜打坝淤地、大办沼气，使梁家河成了陕西省第一个实现沼气化的村子。

⑤故事五：带领村民建起陕西有史以来第一口沼气池

2013 年 5 月，习近平五四青年节参加主题团日活动，与青年交流时谈道："我 20 岁出头时，担任大队党支部书记，到四川学习农村发展沼气技术，办完事后，在大雪封山时登上峨眉山，十分艰险，下山时到小饭馆吃担担面，人家已经尊我们为英雄了。”

背景延伸

1993 年，正在福建工作的习近平回到阔别 18 年的梁家河村，跟乡亲们合影留念，还写了一篇文章《我是黄土地的儿子》。文中，他回忆了自己在梁家河时的情况。

有一天，习支书翻着《人民日报》，一条消息吸引了他：四川不少地方实现了沼气化。想想村里人冬天要拉煤的辛苦，他动了心思。几天后，他请了假，自费跑去四川绵阳考察沼气池建造。那时延安没通火车，习近平坐了两天汽车到西安，然后又坐火车辗转到四川。回村后，习近平给乡亲们讲沼气的好处，然而乡亲们听得云山雾绕。他决定先建好第一口沼气池，让事实来说服村民。几个月后，村民们用第一口沼气池的沼气烧饭照明时，都夸这个后生“有知识、点子多”。梁家河的这口沼气池成了陕西省有史以来的第一口沼气池。到 1975 年，习近平领着村民建起了几十口沼气池，基本上解决了村民烧饭、照明的问题。

⑥故事六：爱读书，用亲身经历激励青年练就过硬本领

2013 年 5 月，习近平五四青年节参加主题团日活动时说：“我到农村插队后，给自己定了一个座右铭，先从修身开始。一物不知，深以为耻，便求知若渴。上山放羊，我揣着书，把羊圈在山坡上，就开始看书。锄地到田头，开始休息一会儿时，我就拿出新华字典记一个字的多种含义，一点一滴积累。我并不觉得农村 7 年时光被荒废了，很多知识的基础是那时候打下来的。现在条件这么好，大家更要把学习、把自身的本领搞好。”

2014 年 12 月，习近平来到澳门大学横琴新校区考察。他表示，自己在青少年时代也非常喜欢阅读中华文化典籍，坚持一点一滴学。直到现在，一有空就会拿起一本翻一翻，每次都觉得开卷有益。中华文化源远流长、博大精深，如同一座宝藏，一旦探秘其中，就会终生

受用。我们要取其精华、去其糟粕，赋予中华传统文化以新的时代内涵，使之成为我们的精神追求和行为准则。

⑦故事七：陕北高原培养了“要为人民做实事”的信念

在《我是延安人》节目中，习近平说：“陕北高原给了我一个信念，也可以说是注定了我人生过后的轨迹。经过了陕北这一堂人生课堂，就注定了我今后要做什么，它教了我做什么。”

习近平在《我是黄土地的儿子》文章中回忆说，15 岁来到黄土地时，我迷惘、彷徨；22 岁离开黄土地时，我已经有着坚定的人生目标，充满自信。作为一个人民公仆，陕北高原是我的根，因为这里培养出了我不变的信念：要为人民做实事！

⑧故事八：告别梁家河去清华大学上学

在《我是延安人》节目专访中，回答记者关于插队最难忘的一件事、印象最深的一件事时，习近平表示是 1975 年被推荐去清华大学告别梁家河村的一刻：最难忘的事情很多，举个例子来讲吧，我还是觉得是临走的那一刻。这七年的酸甜苦辣，最后形成了梁家河群众对我的这种依依惜别。前一天晚上是跟我一起聚会、聚餐，陕北的聚餐就是杀一只羊，家家派代表来跟我话别。当时的习惯是送临别的纪念都是一个笔记本，一个塑料皮的笔记本，里边写上祝福的话。收了一大堆笔记本，等于每家送一本。然后第二天离开的时候，我因为睡得比较晚，早上一起来推开门呢，外面都站满了老百姓、乡亲们，但是都没有吵我，因为我在里边睡觉，（他们）静静地等。反正我那次是哭了，可能那是我到延安插队以后第二次哭，这七年之中我第二次哭。

第一次是我大姐去世，我正在那儿挖防空洞，接到信以后，那个时候哭了，但是大家也没有看到，都是找一个地方去哭。这一次是当众哭了，就是“当众丢脸”了。

⑨故事九：担任河北正定县委书记时经常骑自行车下乡

1983 年，时任河北正定县委书记的习近平，临时在大街上摆桌子听取老百姓意见。

2015 年 1 月，习近平同中央党校县委书记研修班学员座谈。当谈到自己当年在河北省正定县的工作经历，习近平说："我当年到了正定，看到老百姓生活比较贫困、经济社会发展水平比较落后的情形，心里很着急，的确有一股激情、一种志向，想尽快改变这种面貌。"

他强调，干事创业一定要树立正确政绩观，要做到"民之所好好之，民之所恶恶之"，要求真务实、真抓实干，做工作自觉从人民利益出发，决不能为了树立个人形象，搞华而不实、劳民伤财的"形象工程""政绩工程"。

"我在正定时经常骑着自行车下乡，从滹沱河北岸到滹沱河以南的公社去，每次骑到滹沱河沙滩就得扛着自行车走。虽然辛苦一点，但确实摸清了情况，同基层干部和老百姓拉近了距离、增进了感情……"

⑩故事十：内在有激情，但要从容不迫

2015 年 1 月，习近平同中央党校第一期县委书记研修班 200 余名学员进行座谈并发表重要讲话。习近平说，古人讲"郡县治，天下安"，历史上很多名人志士如郑板桥等，从政都是从县一级起步的。他本人 30 多年前当县委书记的时候，因为年轻想办好事，老熬夜，经常是通宵达旦地干，因而差不多一个月得大病一场。后来，他感觉到，"这样不行，这么干也长不了"，才开始慢慢摆顺心态。

习近平和在座的县委书记们分享了他当年颇有心得的一句话："你手里攥着千头万绪，攥着一千个线头，但是一个针眼一次只能穿过一条线"。他说这句话让他想明白了，此后自己一天就工作到晚上 12 点，"然后就不做了，睡大觉，第二天重新来过"。他提醒干部们，"内在有激情，但是还要从容不迫"。

(6M. http://cpc.people.com.cn/xuexi/n1/2018/0504/c385474-29964215.html)

(6)当代神农——袁隆平

①儿时的人格养成

1931年～1936年，仅仅5年之间，袁隆平随父母辗转北平、天津，江西赣州、德安，及湖北的汉口等地。2岁到6岁，人生最稚嫩美好的阶段都是在动荡迁徙中度过，不能不说是个悲剧，可是坚强乐观的袁母，并没有因此而忽略了对孩子们的教育。让人惊讶的是，当袁隆平蹒跚学步的时候，母亲就已经开始给他读尼采的书了。

“孩子的智商如同一座宝库，唯有品德和情操才是打开这座宝库的钥匙。”这是袁母常说的一句话。教师出身的母亲，在辞去工作后，就把她平生所学得的知识和积累的经验完全放在了教育5个孩子身上。她非常注意孩子的品德教育，因材施教以开发孩子的智商。

袁隆平喜欢说的一句话就是：“失败了不气馁，找到原因从头再来就是啦!”乐观开朗的性格，对事物不服输的精神，对于生命如火般不灭的激情和热爱，正是袁隆平小时候母亲给他的最好礼物。后来，孩子们长大一些能听得懂故事的时候，袁母就开始给孩子们讲故事听。袁隆平在5个兄弟中是爱动脑筋爱提问的一个。母亲看在眼里，喜在心上，常常有针对性地对他进行适时的教育。

夏日的夜晚，母亲带着孩子们在院子中乘凉，这时是母亲固定的讲故事时间，兄弟们搬个小凳子围绕到母亲身边。袁隆平是一个淘气的孩子，他不会像其他的兄弟那样老实地坐在那里听故事，看见身边萤火虫飞舞，美丽异常，他就找来玻璃瓶，把萤火虫抓来放进去玩。玻璃瓶被萤火虫映照得通体明亮，煞是好看。

小隆平乐在其中，母亲看在眼里，便不失时机地叫过他来，给他讲了一个“京娘千里报恩”的故事。

“少年赵匡胤（宋朝的开国皇帝）从盗窟中救出少女京娘，结成兄妹并护送她回家。千里路上，赵匡胤扶京娘坐在他的马上，而他自己却牵马步行。然而就在这次送别之后，京娘在战乱中死去了。后来，赵匡胤在一次夜战中迷了路。忽然，飞来一只萤火虫为他引路，一直把他引出了险境。传说这是京娘死后为报答赵匡胤相送之恩，化为萤火虫，在他有难时，特地赶来相救。”

袁隆平静静地听着，他被这个故事感动了。知恩图报的萤火虫原来是美丽善良的京娘的化身！善良、懂事的二毛听了这则传说以后，再也不忍心捕捉那可爱的萤火虫了。

袁母就是这样，总是善于发现孩子的优缺点，并适时地给予教育。袁隆平印象最深的一则故事是母亲讲的一则哲理故事：

一天，一只胖胖的狐狸正在觅食，听见一群雏鸡在围栏里叽叽喳喳地叫着，馋涎欲滴，便四处寻找进口。终于，在围栏一角它发现了一个小洞。可是洞口太小了，它那肥胖的身躯进不去。于是，这只狐狸便绝食 5 天，饿瘦了自己，终于穿过了那个小洞，贪婪地吃光了小院的雏鸡。可是，这时它发现自己那吃得鼓鼓囊囊的大肚皮却出不去那个小洞了。无奈，它又绝食 5 天，再次饿瘦了身躯。结果，回到院墙外的狐狸，依旧是原来那只狐狸。

袁母讲这则故事时，袁隆平还小，不理解母亲的用意。长大成人以后，经历了一些功名利禄的引诱后，才渐渐明白了母亲的良苦用心。聪慧的母亲是在用这则故事告诉他，要学会节制自己的欲望。他也渐渐地体味到了古人说过的“无欲则刚”的道理。母亲讲过的这个故事，年幼的袁隆平一直都牢牢地记在心里，母亲从小给他的那些潜移默化的教育，也一直影响着他以后的发展。

②最初的土地启蒙

1936 年，受时局影响，袁家移居汉口，在那里居住了近两年。1936 年 8 月，袁隆平进入汉口扶轮小学读书，成为一名小学生。

汉口位于汉水、长江交汇之处，古代就有九省通衢之说，水上交通极为方便。港口贸易十分繁荣，贩卖各种商品的摊贩沿江一字排开。夏天，每天早晨乡下的姑娘都会背着竹篓，装上满满一竹篓各色各样的花来卖，轻盈的花瓣还带着剔透的露珠，煞是好看。

插花几乎是那个时代所有女子学校的必修礼仪课。自幼在花红柳绿的江南长大的袁母，更是对花卉有着天生的喜爱，良好的文化素养让她对插花艺术具有更多的领悟。“晕酣神敛，烟色迷离，花之愁也。欹枝困槛，如不胜风，花之梦也。嫣然流盼，光华溢目，花之醒也……”稍有闲暇，袁母便会一边吟诵明代文学家袁宏道的插花论，一边将修剪好的各色花朵插到一个装满水的大玻璃瓶里。“室雅何须大，花香不在多。”收拾得整整齐齐的房间，配上母亲流光溢彩的插花，整个小房间总是熠熠生辉，孩子们在花香中快乐地成长着。

冬天，袁母又在瓶里插上一两枝松柏枝，那松柏枝也给斗室带来满屋清香，几个孩子围着松柏枝写作业。母亲常给花瓶换水，有时见孩子们写作业累了，就给他们讲松柏树的风格。这位贤达的母亲，不只是希望孩子们努力读书，还希望他们有良好的人格和高尚的情操。

一年四季，袁母的花朵从未断过，即使在颠沛流离的岁月里，她依然保持着这个习惯。汉口码头上随处可见的野花，对于袁母来说是不菲的馈赠，所以每逢从码头回来，她总要捧回一束很便宜的野花，放在向阳的窗台上。娇嫩的花朵在敌机的狂轰滥炸、弹片纷飞里，依然美丽地盛开。任凭风吹浪打，胜似闲庭信步。这已不仅仅是一种爱好。那满室流淌的花香，更彰显出母亲从容乐观的人生态度，并潜移默化地影响到袁隆平性格的养成。

如果说袁母闲时弄花是怡情雅兴，那么有意给孩子进行国耻家难的教育，则是内心夙愿最深沉痛切的表达。

“国破山河在，城春草木深”是唐代诗人杜甫的名句。国都沦陷，城池残破，虽然山河依旧，可是乱草遍地，林木苍苍。诗句充分描述了安史之乱带来的民不聊生的凄凉惨景。与之相比，20 世纪 30 年代日本侵华战争给中国社会造成的经济损失和人民的精神创伤更加难以估量。在那个国土沦丧、尸横遍野的年月里，国家、土地是人们心中最为敏感和热切关注的话题。为了让刚上小学一年级的袁隆平记住国耻家难，袁母总是有意给孩子们灌输国家、民族尊严的概念。

孩子们放学后，袁母就会让他们在桌子前坐成一小排，给他们另外再加一堂课。“人是从泥土里来的。女娲把黄土和成泥，然后捏成一个个男人和女人，捏完后，她朝着那泥人吹出一口法气，于是，那一个个黄土泥人便有了鲜活的生命。从那时起，人类便繁衍生息，传宗接代……”“无论外国人还是中国人，归根到底，我们人类都是从黄土地来的。我们吃的粮食是黄土地里长出来的，我们穿的衣服是用从黄土地上收获的棉花织成的布做的，我们住的房子是用黄土烧成的砖盖起来的……总之，我们的衣食住行都离不开土地。所以说，土地是生命之源。”饭后庭院里，当袁隆平问母亲人类从哪里来这个话题时，母亲是如此回答的。虽然没有站在讲台上，可是声音依然铿锵有力。

土地似乎是个被烧烫的词汇。只要一沾染，就会点燃母亲的激情，像当年在摇篮中给二毛读尼采时候的激情！可能是触景生情吧，看着窗外远处日本战机轰炸留下的残垣断壁，母亲特意给袁隆平讲述了民族英雄岳飞为了捍卫国土，浴血疆场的故事。“国土是神圣的。中华民族上下五千年，多少仁人志士浴血沙场，他们演绎了多少壮怀激烈的历史篇章，都与国土紧紧相连。”“土地是万物的母亲。”我们民族自远古时代就对土地怀着虔诚的信仰，我们的祖先总是以隆重的方式祭祀土地。历代皇帝在年末岁首都要净身素食、叩拜土地。清朝皇帝每年三月，总要到先农坛，亲自扶犁，演示耕作一亩三分地。土地始终是人类的血脉所系，衣食父母，所以，我们要怀着最虔诚的敬意来叩拜土地。面对眼前深重的国家灾难，母亲一改往日的温婉，一下子变成了慷慨激昂的诗人。看着母亲被热情烧红的脸颊，袁隆平深深地受到了感染，他的胸中涌动着一股莫名的热情，他第一次知道土地对于人有着如此伟大的意义。6 岁的袁隆平眼前第一次感觉到沉重，他的眼前似乎出现了扛着大包逃难的人群，桃园镇那被战火烧焦的桃林，原来土地是这么伟大圣洁的载体。这是袁隆平母亲对袁隆平第一次关于土地概念的启蒙，这次经历在袁隆平脑中打上了深深的烙印。

③第一次参拜神农

如果说上述母亲对于袁隆平关于土地的启蒙只是“言传”的话，那她带领孩子们参拜神农洞则算是一种“身教”了。

神农氏即炎帝，是人类的始祖。相传5000多年以前，人类多食用肉食，饱受疾病之苦。为此，神农氏，创耕耘，植五谷，训禽兽，尝百草，为民疗疾，是人们万世敬仰的先贤。1936年秋天，袁隆平一家迁居到汉口不到一个月，平时就注重孩子德育教育的袁母，借此机会带他们兄弟游览了距汉口不远的“神农洞”。

“神农洞”相传是神农炎帝出生的地方，这里供奉着炎帝的塑像。这里青山环绕，香火鼎盛，时值秋季正是农民即将秋收的季节，来这里祭拜的人络绎不绝，许多农民准备好了三牲美酒，来祭拜祖先，祈望这一年，风调雨顺，粮食丰收。

爱提问的袁隆平看到这么多人朝向神农的塑像虔诚祷告，禁不住问母亲，为什么神农这么受到人们的爱戴呢？于是母亲便给他们兄弟讲了神农诞生的故事。

传说上界神仙，见人民疾苦，欲救苍生，于是便化作一个英俊青年，投入到一个牧羊女的梦中与之相爱了。这个牧羊女梦醒之后，便怀孕了，几个月后，临产前她又做了一个梦，梦见这男子交给她一本神农书，嘱咐她将这本书交给他们的儿子，等儿子长大了，一定要按照神农书的点化，兴修水利，耕地播种，收获五谷，造福百姓。于是，便有了中华民族生生不息的繁衍史。

“我们吃的粮食都是当年神农氏教给人们种出来的!”看着来往祭拜的人群，再听到母亲讲的故事，袁隆平听得痴了。不禁在母亲的引导下向这位光耀九州的神农恭恭敬敬地行了三个鞠躬礼，以表达他们一家人对这位先贤的景仰之情。

这次是袁隆平第一次听到神农的传说，这件事，在袁隆平的心里深深地打上粮食和民生疾苦的烙印。看着周围人们祈望和虔诚的表情，他似乎懂得了一点“民以食为天”的含义。

④游园惊梦：学农意识在发芽

如果说母亲带领他祭拜“神农洞”只是为袁隆平的学农之门开了一条缝，那么那次初秋的游园之行则彻底为袁隆平打开了立志学农的大门。

袁隆平 6 岁那一年的初秋季节，他随母亲到汉口郊区一家果园去游玩。对于在城市里住惯了，从没见识过农村果园的袁隆平来讲，那简直是一次神奇美妙的大自然之旅。母亲牵着他的手，蹦跳着走在繁茂稠密的果林里。红红的桃子灿烂地挂在树梢、绿绿的葡萄像一串串碧玉，果树之间的空地上，间种着在那个年代还稀有的西红柿。毛茸茸的枝杈上，结着红、白、黄、绿几种颜色的果实，真是美极了。还有那绿葱葱的片片竹林……

幼年的袁隆平爱上了这美丽的果园，爱上了这绿色的世界，他实在不愿离开这里。正如袁隆平后来所说：“从此，每到桃子成熟的季节，我记忆中那个美丽的果园便飘进我的心灵，满园里郁郁葱葱，到处是芬芳的花草和一串串鲜艳的果实。我觉得那一切实在是太美丽了！美得我当时就想，将来我一定要去学农。”

没有指点江山的豪情壮志，没有功成名就的意气风发，有的只是质朴的表白，有的只是对美丽的特别感悟与无悔执着。可见当年，这片美丽的记忆，成了袁隆平心中永远挥之不去的情结与梦幻。

巨人的诞生总是需要机缘巧合的。正如牛顿童年那个砸在头上的苹果引领他发现了万有引力，爱因斯坦 5 岁时遇到了他钟爱的罗盘，最终成为物理学界世界级的泰斗一样，这次美丽的游园惊梦，正是带领袁隆平一步步走向农业科学巨人之路的那只闪亮的萤火虫。

时隔 60 多年的漫长岁月，袁隆平忆及当年的感受，仍不免双眼灼灼，神采焕发。那片花果鲜艳的园艺场，在风雨飘摇、国事艰难的年代，曾是那么深刻地打动了一个孩子纯真的心。

就是这次郊游，奠定了袁隆平一生理想的基础，使他从此与“农”结下了不解之缘。也正是这片美丽的果园，最终改变了袁隆平一生的命运，进而在某种程度上改变了13亿中国人的命运。

⑤“知识＋汗水＋机遇＋灵感＝成功”是他一生的缩写

“从1953年到1966年，我在农校一边教课，一边做育种研究，每年都去农田选种。从野外选出表现优异的植株，找回种子播种，看它第二年的表现，这样来筛选具有稳定遗传优异性状的品种，这称为系统选育法，是常用的一种方法。1962年，我在一块田里发现一株稻鹤立鸡群，穗特别大，而且结实饱满、整齐一致，我是有心人，没有放过它。第二年我把它种下去，辛苦培育，满怀希望有好的收获，不料大失所望，再长出来的稻子高的高，矮的矮，穗子大小不一。这时候一般人感到失败就放弃了，我坐在田埂上想为什么失败了呢，我想到第一年选出的是一棵天然杂交种，不是纯种，因此第二年遗传性状出现分离，而如果按照那棵原始株杂交种的产量来计算，亩产能达到1200斤，这在60年代是非常了不起的——我突发灵感，既然水稻有杂交优势，我为什么非要选育纯种呢？从此我致力于杂交水稻育种。”

机遇只偏爱有准备的人。从一棵天然杂交稻开始，袁隆平开创了水稻育种的新历史。作为“杂交水稻之父”，他是中国的英雄，也是有着世界性贡献的杰出科学家，他获得的一系列国际奖励可资证明。若回答“下个世纪谁来养活中国人”？没有哪位科学家比袁隆平更有资格回答了。

(7https://www.sohu.com/a/304757493_488492)2019-03-2923:58

（7）航天之父——钱学森

作为钱学森的恩师，冯·卡门对钱学森在美国的困境一清二楚，他曾撰写文章揭露当时美国政府的把戏：帕萨迪那移民局下令驱逐钱出境……但钱却被滞留美国达五年……滞留钱的目的，是要他当时所掌握的一切知识变得陈旧过时。钱继续在加州理工学院执教，但必须每月向移民局作一次汇报。对他来说，这是一种屈辱。他从未放弃过回中国去的打算，因为他觉得，只有中国在真正营救他，而且在那里他会得到礼遇。或许和钱的想法一样，我觉得，由于我和华盛顿的密切联系，我本来可以为他做更多的事。令人痛心的是，处于这种荒唐的年代，这种局面一旦出现了，即使你有最强的赞助，也帮不了多少忙。

抗日战争全面爆发，时值钱学森在大西洋彼岸攻读博士研究生的第二个年头，由于战争的消耗，国民党政府军费开支庞大，停止了对公派留学生的资助。钱学森失去了助学金，几乎无法继续读下去。他找到卡门教授："对不起，导师，我想尽快将您交给我的课题结束，交出博士论文回国，因为我没有钱再继续在美国的学习和生活了。""不行，不行，"冯·卡门拍拍学生的肩膀，"你是我最得意的门生，你的博士论文很有价值，如果研究成功，将会取得学术上的重大突破。我已经知道中日发生了战争，你的国家政府停止了助学金。不过，你不要担心钱的事，你的生活费和学费由我承担，继续读下去，认真将论文做完吧。"卡门教授慷慨解囊，在关键时候又一次给了钱学森继续深造的机会。

2005 年 3 月 29 日，钱学森最后一次跟秘书们系统谈话。钱学森说，科技创新人才的培养问题是我们国家长远发展的一个大问题。他说，"今天，党和国家都很重视科技创新问题，投了不少钱搞'创新工程''创新计划'等等。这是必要的，但我觉得更重要的是要具有创新思想的人才。问题在于，中国还没有一所大学能够按照培养科学技术发明创造人才的模式去办学，都是些人云亦云、一般化的，没有自己独特的创新东西，受封建思想的影响，一直是这个样子。"

(8M. https://baike.so.com/doc/4620943-4833424.html)

（8）无双国士——钟南山院士

钟南山，男，汉族，中共党员，1936年10月20日出生于江苏南京，福建厦门人，呼吸内科学家，广州医科大学附属第一医院国家呼吸系统疾病临床医学研究中心主任，中国工程院院士，中国医学科学院学部委员，中国抗击非典型肺炎的领军人物，曾任广州医学院院长、党委书记，广州市呼吸疾病研究所所长、广州呼吸疾病国家重点实验室主任、中华医学会会长。国家卫健委高级别专家组组长、国家健康科普专家。

钟南山出生于医学世家。1958年8月，在第一届全运会的比赛测验中，钟南山以54秒2的成绩，打破了当时54秒6的400米栏全国纪录。1960年毕业于北京医学院（今北京大学医学部），2007年获英国爱丁堡大学荣誉博士，2007年10月任呼吸疾病国家重点实验室主任，2014年获香港中文大学荣誉理学博士，2019年被聘为中国医学科学院学部委员，2020年8月11日，习近平签署主席令，授予钟南山“共和国勋章”，9月4日，钟南山入选2020年“全国教书育人楷模”名单。9月3日，入选世卫组织新冠肺炎疫情应对评估专家组名单；11月3日，钟南山被授予2020年度何梁何利基金“科学与技术成就奖”。12月15日，获颁香港理工大学荣誉博士学位；12月19日，获授澳门特区政府颁发的大莲花荣誉勋章。

钟南山长期致力于重大呼吸道传染病及慢性呼吸系统疾病的研究、预防与治疗，成果丰硕，实绩突出。

（9M https://baike.so.com/doc/3711876-3900554.html）

好故事扣人心弦，发人深思，催人奋进，爱听故事是孩子的天性，利用教材，艺术地拓展辐射，让学生透过课本看到一个个胸襟博大非凡的人杰，看到一个底蕴深厚的老师，收获了知识，增长了见解，丰富了思想。

（二）智谋——“师生共担”之招数

这世上幸福的孩子他们的幸福是相同的，但不幸的孩子各有各的不幸。有的孩子父母离异，有的先天残疾，有的家境贫寒，有的生性愚钝，有的父母早逝……无论哪种不幸，孩子都会背着沉重的十字架。遇到这样的孩子我们更多的应是呵护，让他们享受成长的快乐。

某个新学期开学的一天，班主任接到一个陌生的电话，一听原来是一位领导打来的：“老师，我安排了一位读书不进的学生到你的班，只怕他高中还毕不了业。请你关照!”科科成绩滞后的学生对一个班的影响不要多说了，在以各种细化数据评价老师的时代，老师就好像农民出集体工一样，时时刻刻要紧盯学生的一举一动，一言一行。面对领导的信任，面对家长的期待，面对自己的未来，班主任很犯难，但是理智战胜了自私之情，于是老师很高兴地说：“没问题，谢谢您的信任，孩子是可塑的，不以成绩论英雄。”学生到班以后，班主任就大力表扬他，安排他坐在优生旁，并嘱咐一个学生帮他，他不会做的，教还不会，就大胆给他抄，每次班主任表扬他作业完成好，听课认真，主动问同学，久而久之，这位后进生变成了先进生。他还积极当班干部，成绩不如意时，他想打退堂鼓，同学老师就支招，后来，他顺利毕业了，考了个学校，他爸热泪盈眶说：“我仔碰到真正的好老师了。”

有一次老师布置了写作文，题目是：“我的父母亲”。有个孩子的作文中只有父亲，没写母亲，老师以为是审题问题，就问了一句：“作文里为什么没写母亲？没看清题目吗？”孩子嗫嚅：“不是，我没有母亲。”望着泪光闪闪的孩子，老师像犯了大错的小孩子，半晌没说出话来，后来背地里问孩子才知道，她一两岁的时候，妈妈就离家出走了，父亲病弱，劳动能力不强，爷爷奶奶年事已高，她就是家里的主心骨。她靠低保、助学金读书，一路打拼，在班里成绩很好，相比之下，她日常还是很苦，可她不接受别人的捐赠，她说那样她就会认为自己比其他同学矮了一截，大家都敬佩她的人格，老师心里琢磨着怎么帮助她，为她分担成长的压力。她成绩好，肯钻研，且有恒心，于是，老师就把月考成绩一等奖的奖励标准提高，鼓励她冲刺第一名，作文是她的拿手戏，比赛前，老师就把一等奖奖金提高到超常的标准，高考前，老师又下了一道奖励令：高考成绩单科全校第一重奖。最后，这孩子在校作文竞赛中获一等奖，高考语文成绩 128 分，为校第一名。她很有成就感地获得了老师的重奖。孩子得知考上中南大学的消息后，微信留言说："感谢您，恩师！我会经常来看您！"

（三）智谋——"师生共赢"之招数

受教育的孩子绝大多数是良民顺民，但总有那么几个黑白颠倒，是非不分的"刁民"，教这样的孩子没有智招，一不留神，事倍功无，甚至被黑得百口莫辩。网游是许多孩子痴迷的活动，它可以增长孩子的见识技能，但自控力不强的孩子很容易沉迷、耽误学业、影响前途。有位孩子便是沉迷派，但他又不想浪费时间，于是下晚自习后就电话向老师请假回家，第二天赶学校的早操。首先这一招好像两不误，久而久之，精力不济，上课走神，所以大事不妙，学习成绩大跳水，他死要面子，不承认是自己造成的困局，家长打破砂锅问到底，他就说老师没教好，不喜欢老师，不想学。认真负责又教学有方的科任老师，背黑锅了，不明真相的家长旁敲侧击"兴师问罪"，明眼人都看得出，家长犯糊涂，班主任试着了解真实情况，孩子就以身体不好搪塞。班主任眉头一皱，计上心来，说自己当年读书沉迷武侠而一度成绩下滑，害得父母很长一段时间不和，以离婚来逼他好好学习。老师现身说法，孩子被打动了，将事情的真相如实道来。原来他请假并没回家，而是在网吧鏖战，有时欲罢不能，通宵达旦。谜底揭开了，怎么采取有效的措施呢？班主任先让学生谈不打游戏的感受，学生说好像心里有什么在咬自己，心里乱极了，坐到电脑面前心里就畅快了。班主任夸了学生一通，为他的学业前途做了不同程度的规划，然后请学生自己选择，当然孩子是作最好的选择。但是网虫和学霸不可兼得，怎么办呢？班主任和学生商量道："每周有一节文体活动课，我批准你出去玩一个半小时，你争取按时上晚自习。如果还不够，你就每周星期天晚在家玩一晚，但十一点前一定要睡好。"学生感到老师什么事都讲到心坎上去了，于是选择第一种方法。孩子从网络游戏沉迷的泥沼自拔了，轻松上阵，学业突飞猛进。后来，班主任把孩子成绩下滑，任课教师背锅的旧事重提一遍，孩子红着脸说出了真相，班主任云淡风轻说："老师受点委屈也不过是一棵大树遭了一点霜，最主要的是你将来在人生道路上怎么面对自己的失败。"孩子面对老师的点拨，诚恳地说："老师我一定会改掉那个凡事甜的自己尝，苦的别人舔的臭毛病，我一定会有责任，敢担当。"班主任高兴地说："大才呀，大才！"

不管是什么学生，不管出了什么问题，首先我们必须好好了解情况，而不应以责代问，以罚代查，以打代教。否则，难有教育的尊严和有尊严的教育。可以说，智慧教育，是成功教育的一大不可或缺的基石。

在对孩子施教的过程中，教师心有锦囊妙计，才能让孩子信任，让孩子敬重，让孩子期待，让孩子自新。

（四）智谋——排除"定时炸弹"之招数

在孩子成长的路上，有三颗"定时炸弹"：第一颗，早恋；第二颗，分数；第三颗，孩子的极端行为。不管那一颗爆发了，留给我们的都是永远的痛。如何巧妙排除？

1. 早打预防针，提高孩子的免疫力

我们送往迎来，常常在孩子高中毕业前夕，就有人感慨，每年 6 月 9 日之夜可能便是"七夕"。为了减轻孩子们盲从的伤害，在教《氓》时，老师这样说："同学们，早恋是异端邪说，是洪水猛兽吗？

不是。早恋，就像早开的香花招来了早醒的昆虫，只有我们能理性看待那一份情，那一段爱，甚至把它作为种子埋在心灵的最深处，让它随着时光的流转而自然生根发芽开花结果，那么我们的爱情事业才会辉煌。”许多学生大胆而好奇地问：“老师，你遇到过谈恋爱的学生吗？你是怎么教育的？”语文老师毫不隐晦地说：“遇到了，没喊家长，实在难缠，就分别问问是否是真爱，怎么处理才爱情学习两不误。但是，我以过来人的身份告诉同学们，真正的爱情是世间最美妙的情愫，遇到了就有非她莫娶，非他莫嫁那种痴迷的感觉，但这种感觉没有文化建树，没有道德成就做基础，是不可能邂逅的，哪怕遇到了，也未尝会逮得着。我们在座的每一位，十几岁，还是嫩芽芽，心中有那一种朦胧的甜蜜的感觉，也不要害怕，这说明你们很正常，但是，凡事有当务之急，有本末之分，我们不能只跟着感觉走，还要跟着自己的职责走。留得青山在，不怕没柴烧。做了官，不怕没轿坐。我们的人生还长着呢，先学业，再事业、家业，是不错的选择。”孩子听了释然、欣然。

孩子情窦已开，有频繁约会，搂抱，不回避旁人等近似乎恋人的行为，教师知道了，也不要像发现了敌情一样的，连珠炮轰，而应避实就虚，巧妙施教。

有老师守的情况下，每一个孩子都可能表现不错，背着老师还一如既往表现好的孩子，那真是极品。高考前一天清早，我提前几分钟来到教室观阵，一般没老师管守的班级的孩子，如果入室即安，入室即学，这样的班级整体素养就不要说了，那是顶呱呱的。带着这种想法，我在所教班级的门口望了望。大部分孩子在看书做题，唯有一个女孩坐在一位男孩的膝上，两人旁若无人嬉闹，我吭了一声，女孩头也不回从另一道门溜了。这事我采取了冷处理的方式。事情过了很久后，女生来问我题目，我首先大力表扬了她，然后问她的思想动态如何，她如实跟我讲了，然后问：“那天老师您没在班上说什么，我既感谢老师，又非常纳闷。”我说：“如果你想听本老师的真实想法，我现在就可说。那天的事，你有点随便。大庭广众之下，与男同学打闹，给别人造成很大的错觉，你们恋爱了。其实我知道你跟任何男同学都是哥们的关系，可以说能进入你法眼的男同学寥寥无几。为什么这样说你呢？从你的眼神中我读出了清高，你是不会屈就的。你求好，凡事不服输。现在高考在即，你一定会专心备考，考个好成绩来。青春无悔，珍惜当下，你不会把这些道理抛到脑后的。”我的一番话，孩子轻松了。

2. 夯牢学科知识基础，排除考试焦虑

考考考，老师的法宝；分分分，学生的命根。每一场考下来，总是几家欢乐几家愁。考试成绩，老师和家长跟学生一样把它当成宝贝。再加上高考有什么档位的成绩，就进什么档次的大学；就业时，这样那样的考试，都以分数论英雄，谁敢不看重平日的考试？有些上进的孩子考砸了，哭得眼青鼻肿。一位家长曾说她孩子高考没上 600 分在家哭了三天。虽然这样，不能因为有这样那样的情况而贬损考试。雄伟的万里长城，恢宏的故宫博物院，神秘的金字塔，人们衣食住行用的每一个器具，哪一个不是度量衡出来的，考试相当于买菜的秤，它起着权衡检测的作用，所以不要去纠结它。孩子们考试中有这样那样的烦恼，不是考试这个衡器本身的原因造成的，而是孩子没有清楚意识到成长学习中的不足所致。所以，我们要看重考试，要看轻成绩。我们应从孩子的成绩中看出他们思维品质，学习精神，知识要点，答题素养存在的不足来修正教学计划与教学方法，这才是考试意义所在。所有的考试都是砥砺孩子意志，检测和鞭策孩子提高学习能力的活动，我们应把这些意义阐述到极致，教孩子们正确对待考试过程，辩证对待考试成绩，让每次考试成为他们自己不断进步的里程碑。

3. 提升情绪自控能力，控制极端行为

如果说早恋之雷可以通过明修栈道、暗度陈仓的方法排除；考试之雷可以通过欲穷千里目，更上一层楼的方法排除，而极端行为之雷，则是迅雷不及掩耳之势，令人束手无策，处理不好，则后患无穷。但是，是福不是祸，是祸躲不过。赶鸭子上架，逼也得面对。

我认为，极端行为的发生往往与学生情绪自控力差有关，班主任老师可以采用让学生学会移情的方法，提高自控力。即遇事情时能换位思考，设身处地、将心比心，站在他人的立场考虑问题。

有一天下班时分，我正收拾东西准备回家。一个陌生的电话，我任教的班级一个孩子说要跟我讲重要的事。无事不登门，登门乃大事。见面后，他痛苦地告诉我，他被班里的一位男孩揍了一顿，起因是他跟班里的一个女孩讲了几句话，那男孩误解了他。谁都听得出这是醋劲引起的斗殴事件。男孩感到自己受了奇耻大辱，气鼓鼓的，想要寻机报复，他想听取我的想法。我公正地说："不管什么情况，不管是谁，打人的行为是不对的。但他打了你，你喊人帮腔报复他，这事情的性质就发生了变化，事态由个人恩怨上升到群体斗殴事件，闹大了，只怕要负刑事责任。"孩子说也是，但是意难平。用什么法子让孩子消气，释怀呢？我说："有两个法子让你平静面对此事。第一，回家好好读淮阴侯韩信受胯下之辱的故事，读飞将军李广传。第二个法子，化侮辱为动力，装作没事人一样和他搞好关系，把自己的书读好，找一个大的人生平台让许许多多的人仰望你，让这位同学为他的冲动、粗暴买单，让他坐一辈子"心牢"。那一种活在自责里的惩罚，就像一条虫子一样撕咬着他的心。孩子点点头，气消了一半。我又跟他说了韩信与李广的故事：

《史记·淮阴侯列传》记载：淮阴屠中少年有侮信者，曰："若虽长大，好带刀剑，中情怯耳。"众辱之曰："信能死，刺我；不能死，出我胯下。"于是信孰视之，俯出袴下，匍匐。一市人皆笑信，以为怯。意思是说在淮阴有一群恶少当众羞辱韩信。有一个屠夫对韩信说："你虽然长得又高又大，喜欢佩带着剑，其实你胆子小得很！有本事的话，你敢用你的佩剑来刺我吗？如果不敢，就从我的裤裆下钻过去。”韩信自知不是对手。于是，他便当着许多围观人的面，从那个屠夫的裤裆下钻了过去。在场的人都嘲笑韩信，认为他是胆小鬼。史书上称“胯下之辱”。

韩信并不是胆怯，而是有看清局面的睿智。有传说韩信富贵之后，找到那个屠夫，屠夫非常害怕，以为韩信要杀他报仇，没想到韩信却善待屠夫，并封他为护军卫，他对屠夫说，没有当年的“胯下之辱”，就没有今天的韩信。

《史记·李将军列传》记载：广家与故颍阴侯孙屏野居蓝田南山中射猎。尝夜从一骑出，从人田间饮。还至霸陵亭，霸陵尉醉，呵止广。广骑曰：“故李将军。”尉曰：“今将军尚不得夜行，何乃故也！”止广宿亭下。居无何，匈奴入杀辽西太守，败韩将军，后韩将军徙右北平死，于是天子召拜广为右北平太守。广即请霸陵尉与俱，至军而斩之。

李广已在家闲居了几年，李广与前颍阴侯的孙子一起隐居在蓝田南山射猎。有一天夜间他带一名骑从出去，与人在乡下饮酒，回来走到霸陵驿亭，霸陵尉喝醉了，呵斥禁止李广通行。李广的骑从说：“这是前任李将军。”亭尉说：“现任将军尚且不能夜行，何况前任的呢！”便让李广住在亭下。不久，匈奴入侵杀了辽西太守，打败韩安国将军。韩将军调任右北平后病死，于是，汉武帝下诏拜李广为右北平太守。李广就请霸陵尉同去，到军中就斩了他。

听完两个故事，我问孩子：“韩信与李广你更敬佩谁？为什么？”

“韩信，大气，包容，有胸襟。”我和孩子有同感。汉武帝时代的飞将军李广，很难封侯，人们多为他抱不平，有人还说是汉武帝对他有成见“数奇（命运不好）”，我冒昧说一句，李广将军阴杀霸陵尉，他的人格是不是有缺陷？霸陵尉说话是有点伤别人自尊，但怎么说也是秉公执法。李将军如果襟怀宽广一点，“公”而忘私，得饶人处且饶人，霸陵尉与他说不定有更精彩的人际传奇，那么他的人格魅力将为他的“战神”美誉添上浓墨重彩的一笔。说了两个故事，孩子的心平和了，我说；“这件事，对你来说，也是好事，第一，你懂得怎样去包容别人，第二，你知道大气的人多么了不起，第三，你知道容人就是厚己。你学会了做人。”他点头称是，我也如释重负。

以理服人，化解了孩子之间不可调和的矛盾，用什么智招去化解学校制度与孩子的过分自觉之间的冲突呢？

高三有一间寝室的女生半夜挑灯夜读被发现，政教处的处理是回家闭门思过。高考迫近，女生不愿。有老师点拨：你们去找政教主任诚恳地软磨硬泡，兴许柳暗花明。女生们心领神会，一见主任，就发自内心地说说说，最后愚公的诚心感动了上帝，回家反思变成在校好好学习，察看一周，以观实效。后来那一寝室的女生个个在高考中生龙活虎，大显身手，考进了自己梦寐以求的大学，开启了自己更美好的人生征程。

可以说，智慧教育，就是教孩子如何冲破成长中的那层看似坚不可摧的茧。作为老师，心有小九九，凡事能明察，凡事能明辨，凡事能沉着，凡事有高格，凡事有智招，这样，我们的孩子才有真正的成长。我们的孩子才会“泰山崩于前而不瞬，卒然临之而不惊”，才会“运筹策帷帐之中，决胜于千里之外”。

智慧教育，让孩子的成长生机盎然，让孩子对老师信服敬服佩服，让孩子在成长的岁月中惊艳，让孩子一生心灵温暖如春。它也将成就杰出的老师，将温润我们的事业。它让我们跳出教育的窠臼，化愚昧为开明，化狭窄为大气，化肤浅为深刻，化粗暴为温馨，化浮躁为沉稳，化死板为灵活，化顽劣为优秀，化单一为繁盛。智教，是我们教育孩子的神器。恰到好处运用它，我们才能育出实现中国梦的能工巧匠，才能育出实现中华民族伟大复兴的栋梁之材。

智慧教育，它是教育之光！

第七章　善用激励策——重奖轻惩

一、激励的内涵与作用

（一）内涵

激励就是组织及其个人通过设计适当的奖酬形式和工作环境，以及一定的行为规范和惩罚性措施，借助信息沟通，来激发、引导、保持和规范组织及其个人的行为，以有效地实现组织及其个人目标。激励是管理过程中不可或缺的环节和活动。有效的激励可以成为组织发展的动力保证，实现组织目标。

激励有自己的特性，激励以组织成员的需要为基点，以需求理论为指导。激励有物质激励和精神激励、外在激励和内在激励等不同类型。

（二）作用

激励机制一旦形成，它就会内在地作用于组织系统本身，使组织机能处于一定的状态，并进一步影响着组织的生存和发展。激励机制对组织的作用具有两种性质，即助长性和致弱性，也就是说，激励机制对组织具有助长作用和致弱作用。

1. 助长作用

激励机制的助长作用之一是一定的激励机制对学生的某种符合组织期望的行为具有反复强化、不断增强的作用，在这样的激励机制作用下，组织不断发展壮大，不断成长。我们称这样的激励机制为良好的激励机制。当然，在良好的激励机制之中，肯定有负强化和惩罚措施对学生的不符合组织期望的行为起约束作用。激励机制对学生行为的助长作用给教师的启示是：班主任应能找准学生的真正需要，并将满足学生需要的措施与组织目标的实现有效地结合起来。

2. 致弱作用

激励机制的致弱作用表现在：由于激励机制中存在去激励因素，组织对学生所期望的行为并没有表现出来。尽管班主任的初衷是希望通过激励机制的运行，能有效地调动学生的积极性，实现组织的目标。但是，无论是激励机制本身不健全，还是激励机制不具有可行性，都会对一部分学生的积极性起抑制或削弱作用，这就是激励机制的致弱作用。在一个组织当中，当对学生积极性起致弱作用的因素长期起主导作用时，组织的发展就会受到限制，直到走向衰败。因此，对于存在致弱作用的激励机制，必须将其中的去激励因素根除，代之以有效的激励因素。

二、培养学生核心素养为什么需要激励

学生更需要成功的体验，不是因为聪明受表扬，而是表扬会使学生更聪明，欣赏能使学生创造出奇迹，好学生是“夸”出来的，班主任要做育苗大师，不做拔草专家!

没有一个人不热爱春光明媚，溪水潺潺，清风徐徐，雨丝悠悠的美景；没有一个人不喜欢平湖秋月，茂林修竹，长河落日，大漠孤烟。可以说，没有一个孩子不对父母或老师的奖励怦然心动。一个班级曾

经各项评比都比较滞后，班主任老师反复找学生个别谈，在班上左开会右开会，似乎效果都不尽如人意。有一天，她脑门大开，灵光闪现说：“这一周你们得一面流动红旗，我们就打一场班级友谊篮球赛。”话音未落，掌声雷鸣。晚自习爱打瞌睡的同学都擦了痰涎笑逐颜开，快活的空气让每个人青春洋溢。班主任自己都感觉曙光在前。从此班中的同学，人人提醒，个个互嘱，不让班中的纪律、卫生、学习等扣分，流动红旗终于飘扬在评比栏中。篮球友谊赛的欢声笑语还在耳畔回响，有学生就跟班主任老师调侃：“老师，我们学习成绩如果惊人的好，您有什么表示？”她说：“有，我们搞个辩论赛。”“好！”一个又一个激励法，让一个老师们心目中千年铁树不开花的班级成为同年级的优秀班。所有的学生都以在这个班学习成长为荣，以前想换班的同学都在心中说：“侥幸没换。”

羌笛何须怨杨柳，春风不度玉门关。平常我们教育引导学生常常有点循规蹈矩，谈谈话，问问情况等，我们经常觉得学生像个搁浅的驳船，难以启动。其实，学生的心灵像种子，只有有了适度的阳光雨露，她才会破土发芽，生根开花，结出甜甜的果子。

三、善用激励策略——重奖轻惩

激励的方法有千千万万，一个鼓励的眼神，一句温暖的问候，一次深情的鼓掌，一回期待的驻足，一场深思的赞许，一篇荡气回肠的告白，或者是面带微笑的倾听，饱含肯定的点头，充满理解的沉默……所有的富含正能量的教育，在孩子成长的路上，都是孩子们一次幸运的邂逅，一场幸福的洗礼，一个健康成长的千斤顶，一朵深蕴阳光雨露的明艳的花蕊。

也许有人会说，三句好话比不上一马棒，棍棒下面出好人。其实不尽然。孩子在求学成长发展过程中难免不犯错，他们可能沉湎于手机网络游戏，可能早熟早恋，可能听课心不在焉，可能作业马虎潦草，可能忤逆老师，打骂同学等等，一言难尽。但是无论他们犯了哪一条，老师都不要轻易谈到惩戒。

什么原因？

因为首先惩罚是一种危险的教育手段。教育家苏霍姆林斯基早期认为惩罚在某种场合是有效的教育方法，但到了晚年，他的观点发生了变化，他认为“正常的教育是与惩罚无缘的”。其次惩罚会削弱甚至破坏学生的自我教育，从表面上看，受到惩罚的学生很快表示屈从，似乎问题就解决了，但事实远非如此，惩罚有可能阻止内部控制力的生长，破坏学生的自我教育能力，因为惩罚已使学生从良心的责备中解脱出来，学生考虑的只是惩罚给自己带来的内心痛苦体验，而对自己的过错行为本身反而很少自我责备了。最后，惩罚还容易让学生产生逆反心理。惩罚往往使学生产生与老师的对立情绪，即使明知自己错了，也会由于严重的情感障碍而拒绝承认错误，甚至还会从此一再重犯类似错误，使错误固着下来而不易纠正。

这里我们先看鲁迅先生的童年往事：

三味书屋后面也有一个园，虽然小，但在那里也可以爬上花坛去折蜡梅花，在地上或桂花树上寻蝉蜕。最好的工作是捉了苍蝇喂蚂蚁，静悄悄的没有声音。然而同窗们到园里的太多，太久，可就不行了，先生在书房里便大叫起来：

“人都到哪里去了！”

人们便一个一个陆续走回去；一同回去，也不行的。他有一条戒尺，但是不常用，也有罚跪的规则，但也不常用，普通总不过瞪几眼，大声道：“读书！”

寿镜吾先生是鲁迅先生的启蒙老师，“他是本城中极方正，质朴，博学的人。”他有一条戒尺，但是不常用，也有罚跪的规则，但也不常用，普通总不过瞪几眼，大声道：“读书”

这是什么原因？这是因为人家的孩子是用来教的，不是用来惩戒的。不到万不得已不要惩戒别人的孩子。动不动就惩戒别人的孩子，难以彰显老师的人品素养和才干。纪伯伦说："你们的孩子并不是你们的孩子。他们是生命对自身的渴求的儿女。他们借你们而来，是因你们而来。尽管他们在你们身边，却并不属于你们。你们可以把你们的爱给予他们，却不能给予思想，因为他们有自己的思想。你们可以建造房舍荫庇他们的身体，但不是他们的心灵，因为他们的心灵栖息于明日之屋，即使在梦中，你们也无缘造访。你们可努力仿效他们，却不可企图让他们像你。因为生命不会倒行，也不会滞留于往昔。你们是弓，你们的孩子是被射出的生命的箭矢。那射者瞄准无限之旅上的目标，用力将你弯曲，以使他的箭迅捷远飞。让你欣然在射者的手中弯曲吧；因为他既爱飞驰的箭，也爱稳健的弓。"

杜威说：教育是社会进步及社会改革的基本方法。改革仅仅依赖法规的制定，或是惩罚的威胁，或仅仅依赖改变机械的或外在的安排，都是暂时性的、无效的。教育是达到分享社会意识的过程中的一种调节作用，而以这种社会赏识为基础的个人活动的适应是社会改造的唯一可靠的方法。

杜威反对惩戒，夸美纽斯却说："对于一个犯错误的人，不要现在去赞成或可怜他，做错了，就应该受惩罚，惩罚就是为了让这个人下次不再犯，牢记这次教训。倘若你去对犯过一次，二次表示原谅，那没什么，但对一而再，再而三的人原谅，那个人就会习惯这错误的行为，不但屡教不改，而且也改不了，那么，你就毁了他，也就让一个可以变好的人变为一个坏人。所以，同情也需要智慧。"

夸美纽斯似乎认为对于犯过错的人非惩戒不可，不然他们可能形成习惯，常犯错误，屡教不改，影响自己，影响他人，败坏风气等等。那么怎样有分寸地惩戒孩子，让他们铭记教训，重归正途，有所醒悟呢？

潘云贵说："多年以后，我们都长大了。经过谎言，承受欺骗，习惯敷衍，忘记誓言，放下了一切。世界惩罚了我们的天真，磨损了我们的梦。但内心还是不断地闭合，勇敢地开放，一往无前地爱。既然无法得到，索性就放手成长吧。年少的忧伤是人生必经的花园。”

孩子因为经过谎言，承受欺骗，习惯敷衍，忘记誓言，放下了一切。因而被世界惩罚了天真，那就是说，我们有必要越俎代庖代表世界去惩戒孩子吗？我们只有责任教孩子为什么不能犯错，犯错的代价是很沉重的，谁辜负了青春，岁月就会让他品尝蹉跎岁月的苦果。所以，我们应该按藤萍说的去做：“发掘孩子的潜能，要用爱的眼睛发现孩子；用爱的鼓励调动孩子；用爱的理由拒绝孩子；用爱的责任惩戒孩子；用爱的意志磨炼孩子；用爱的激情引导孩子。”

万不得已需要惩戒时，我们必须做到这些：

1. 惩戒应顾及学生的自尊。

2. 惩戒要公正。

3. 惩戒要结合说服教育进行，让学生心悦诚服地接受。

4. 不了解真情时不惩戒。

5. 不懂孩子的个性不惩戒。

6. 孩子知错悔改不惩戒。

7. 不当众惩戒孩子。

8. 关键时候不惩戒（生病、吃饭、睡觉、集会、大喜、大悲）。

9. 说不清理由不惩戒。

10. 没有适合的方法不惩戒。

11. 孩子反感抗拒时不惩戒。

12. 没人陪伴不惩戒。

13. 气不顺时不惩戒。

第八章 营造良顺境——家校共育

一、环境的内涵

所谓环境，是指围绕着某一人或事物，并对该人和事物产生某些影响的所有外界事物。

人类环境习惯上分为自然环境和社会环境。

自然环境亦称地理环境，是指环绕于人类周围的自然界。它包括大气、水、土壤、生物和各种矿物资源等。自然环境是人类赖以生存和发展的物质基础。社会环境是指人类在自然环境的基础上，为不断提高物质和精神生活水平，通过长期有计划、有目的的发展，逐步创造和建立起来的人工环境，如城市、农村、工矿区等。社会环境的发展变化，受自然规律、经济规律以及社会规律的支配和制约，它变化的程度是人类物质文明建设和精神文明建设的标志之一。

本章所指的环境特指社会环境中的学校环境和家庭环境。

二、环境之于学生核心素养形成的重要性

环境对于学生核心素养的形成重要性主要体现在两个方面，一是影响个性的形成，二是影响心理发展的方向和水平。人的知识、经验、思想、习惯、品德、兴趣、爱好和特殊才能的形成和发展，同他所处的家庭生活环境息息相关。

研究表明，一个家庭的日常生活井井有条，孩子在这样的家庭里也会形成良好的生活习惯。家长对同志，朋友热情诚恳，孩子对小朋友也就热情诚恳。家长好学习，孩子对学习也有兴趣。“体育世家”的孩子喜欢体育，“文艺世家”的孩子爱好文艺，知识分子家庭的孩子喜欢读书，工农子弟热爱劳动……这些现象很常见。并不是父母遗传的作用，主要是家庭环境影响的结果。有人专门做过这样的一个实验，他把一对同卵双生的女孩从小分开，一个留在大城市的家庭里，一个被送到边远的森林里随亲戚生活。两个孩子的遗传基因几乎是相同的，但由于生活的家庭环境不同，两个孩子在个性的发展上完全不同。留在城市的孩子喜欢读书，智力发展较好较快，也比较文静；而在森林里生活的孩子则不想读书，身体很好，会爬树，也很灵巧，性格很开朗。

环境对人个性的形成，其影响是极其细微的。在日常生活中，只要我们仔细认真地观察，就会惊奇地发现这样一种有趣的现象：孩子们走路的步伐、站立的姿势、说话时的表情、习惯的手势等，都酷似他们各自的父母。而且一般是男孩酷似父亲，女孩酷似母亲。这些习惯性动作表情不是遗传作用，而是和父母朝夕相处，在特定的家庭环境影响下熏陶的结果。难怪有人说“孩子是父母的影子”。

家庭环境对人的心理发展方向和水平影响作用相当大，尤其早期家庭环境的影响，甚至起着决定性的作用。一个人一生要接触多种多样的生活环境，幼儿园、小学、中学、大学等各级学校环境；从学校毕业走上社会，参加工作，调换工作等各种各样的工作环境。相比较而言，家庭是人们生活最长久的环境和场所。

在学龄前阶段，儿童不能完全独立生活，衣食住行等都离不开家庭；入学后，虽然每天要到学校读书学习，但每天 24 小时有 2/3 的时间是在家里、在父母身边度过的。即便是独立生活后，家庭对孩子的吸引力还是相当大，子女对父母天然的信赖和依恋，也没有完全消失。

中国的家庭教育有一个优良的传统，重视“治家”“齐家”。所谓“治家”“齐家”就是治理、整饬家庭成员的行为规范，调整家庭成员之间的关系，建立良好的“家风”。

“与善人居，如入芷兰之室，久而不闻其香，与之化矣；与不善人居，如入鲍鱼之肆，久而不闻其臭，亦与之化矣。”“蓬生麻中，不扶而直；白沙在涅，与之俱黑。”“近朱者赤，近墨者黑。”这些深蕴哲思的话都阐明了一个道理：环境影响人。

《史记》记载：缪公夫人媵於秦。百里傒亡秦走宛，楚鄙人执之。缪公闻百里傒贤，欲重赎之，恐楚人不与，乃使人谓楚曰：“吾媵臣百里傒在焉，请以五羖羊皮赎之。”。楚人遂许与之。当是时，百里傒年已七十馀。缪公释其囚，与语国事。谢曰：“臣亡国之臣，何足问!”缪公曰：“虞君不用子，故亡，非子罪也。”固问，语三日，缪公大说，授之国政，号曰五羖大夫。百里傒让曰：“臣不及臣友蹇叔，蹇叔贤而世莫知。臣常游困於齐而乞食銍人，蹇叔收臣。臣因而欲事齐君无知，蹇叔止臣，臣得脱齐难，遂之周。周王子穨好牛，臣以养牛干之。及穨欲用臣，蹇叔止臣，臣去，得不诛。事虞君，蹇叔止臣。臣知虞君不用臣，臣诚私利禄爵，且留。再用其言，得脱，一不用，及虞君难：是以知其贤。”於是缪公使人厚币迎蹇叔，以为上大夫。英才百里奚如果没有秦穆公慧眼识珠，恐怕终身为仆，难展自己的雄才大略。所以说，环境造就人才。

秦穆公五年，晋献公用璧玉骏马贿赂虞国借道，从而灭掉虞、虢（guó）两国，并虏获虞国国君和他的大夫百里奚。晋献公把百里奚虏获后，将他作秦穆公夫人的陪嫁仆役送到秦国。百里奚离开秦国逃到宛，被楚国乡下人捉到。秦穆公听说百里奚有贤才，想用重金赎回他，怕楚国不放过他，于是派人对楚国人说：“我国陪嫁仆役百里奚，正在楚国，请允许让我们用五张黑公羊皮来赎回他。”楚国人就答应了。这时候，百里奚已经七十多岁了。秦穆公亲自释放了他，并和他讨论国家大事。百里奚辞谢说："我是亡国之臣，哪还值得问呢？"秦穆公说："虞君不任用你，所以亡国，这并非你的罪过呀。"仍然向他请教，这样谈了三天，秦穆公非常高兴，交给他国家政事，号封为五羖大夫。百里奚谦让道："我不及我朋友蹇（jiǎn）叔，蹇叔贤能却无人知道他。我常游历困窘在齐国并向铚人乞讨，蹇叔收留了我。我原想替齐王无知做事，蹇叔阻止我，我因之而脱免于齐国内乱到周室。周王儿子穨喜欢牛，我用养牛术取悦王子谋官职。等到穨想用我时，蹇叔阻止我，我离开周室，幸免于难。我服侍虞君，蹇叔阻止我。我知道虞君不任用我，我的确贪图私利禄爵，就留下来了。我一再听其善言，结果脱离危害灾难；一旦不听其建议，就遭逢了虞君之难。由此我知道蹇叔贤惠。"于是秦穆公派人用厚重礼物迎接蹇叔，封为上大夫。

（M. https://shici.chazidian.com/wenyanwen58215/）

故事启示我们：有好环境，优秀人才才有大显身手的好平台。孩子健康成长也离不开良顺的环境。

三、环境对学生核心素养形成的影响

影响孩子成长的环境多种多样，总而言之有以下这些：

1. 唯物质的环境

物质条件非常好，孩子吃喝玩乐，衣食住行全不要操心。孩子物质方面有要求，就有求必应。但是除了物质上的满足，精神上如果没有一点能给孩子以震撼，什么积极进取，勤奋友善，开拓创新等思想在这样的环境中没有生长之地，代之以生长的是庸碌、自私、狭隘、保守、懒惰、拖拉、嫉妒等。孩子在这样的环境中长大，难有大格局，大气度，大才华，大出息，大成就。常有人感慨，我们家什么都不缺，就缺孩子有出息。几个孩子，没有一个会读书，没有一个有精气神。这局面不要怪罪孩子，要怪就怪长辈，精神财富匮乏，以为物质上富有，就可代替一切，就可傲视一切，甚至从来没想到要为自己的孩子准备丰厚的精神食粮。以为有了丰厚的物质条件孩子自然而然会勤奋学习，健康成长。有父母还高喊，弄钱是我们的事，读书是孩子的事。殊不知家财万贯，孩子可能才德平平，令人大跌眼镜。这种精神缺失，以物傲神，以物代教，物质至上，物教杂糅的教育环境，有悖孩子健康成长，家长不能不慎之又慎。

2. 唯精神的环境

只讲风格、讲精神的环境中成长的孩子思想纯粹，但大多清高孤傲，目下无尘，给人至清至察之感，人们往往对他们敬而远之。一般这种精神唯一的环境中成长的孩子眼界高，对人非常挑剔，他们在学校很难有良好的人际关系。他们常常心灵孤独，很难适应新环境。

物质与精神高度结合的环境才是真正能培养出德才兼备的孩子的良顺环境。这一环境能教会孩子大事大局面前讲博爱襟怀责任担当，小事面前讲人情面子讲包容。孩子在成长中知道智判而不误判，凡事适度得体，我们的孩子才真正长大了，成人独立了。

四、怎样营造良顺境

“光说不练假把式，光练不说真把式，连说带练全把式。”说与练的过程就是实践的过程。教育孩子健康成长，浇灌孩子的核心素养的绮蕊，需要持之以恒的实践。古人云：“耳闻之不如目见之，目见之不如足践之，足践之不如手辨之。”

教师和家长教育孩子是一个巧妙导引的过程，也是一个化整为零的系统过程。它须紧紧围绕“要坚持马克思主义指导地位，贯彻习近平新时代中国特色社会主义思想，坚持社会主义办学方向，落实立德树人的根本任务，坚持教育为人民服务，为中国共产党治国理政服务，为巩固和发展中国特色社会主义制度服务，为改革开放和社会主义现代化建设服务，扎根中国大地办教育，同生产劳动和社会实践相结合，加快推进教育现代化，建设教育强国，办好人民满意的教育，努力培养担当民族复兴大任的时代新人，培养德智体美劳全面发展的社会主义建设者和接班人”的党的教育方针和孩子的身心发展规律展开，因此，我们在教育实践中要紧紧把握三条主线，即身体健康，平安生活；养成好习惯，基本技能技巧；家国天下，责任担当，胸襟气度，格局情怀等。

（一）紧紧抓好基线

身体健康，平安生活是基线，要有效地做好这一工作，必须严肃认真从这些方面入手：

1. 及时、细致

从一日三餐荤素搭配，饮食用量，饮用规律到风、寒、暑、湿、燥、火等的自然变化，到作息规律，到出行活动，教师家长都要胸中有谱，要及时教孩子饱饥有度，知冷知热，循规生存。不要当马后炮，问题出了才来补救。其实，老师家长心中芝麻大的小事易事，对从未经历的孩子来说，就是大事难事。老师和家长如果事先没有恰当的点拨，可能孩子因此误入“歧途”，甚至酿成大祸。为什么当下的孩子中有那么多“象姐”“象哥”？孩子饱饥失度，作息失时，同时也是老师家长失教造成的。一胖毁身体，一胖毁形象，一胖毁三观，一胖毁前程。柴米油盐酱醋茶，衣食住行，这些日常小事，我们能在恰当的场合，利用一切可以利用的机会，向孩子启蒙，让他们心中有数，豁然开朗，兴许他们能因此避免意外的天灾人祸。小事失教酿大祸，小事严教成大才的典型古往今来，不在少数。古人云：“上工治未病，中工治已病，下工治末病。”对“小”多一些敬畏之心，对“小问题，小事情，小细节，小现象”见微知著，认真对它们分析，学会正确看待，就不会出现“小洞不补、大洞吃苦”“千里之堤溃于蚁穴”的惨败局面。

2. 有恒、有度

首先我们必须准确分析孩子的应对情况，凡是可能出现的问题，都不要想当然，有时还有必要把问题想严重些，以引起孩子的高度注意。有位很有责任心的班主任，她听说一位同学被篮球击了一下，身体有点不舒服，家长和孩子都认为没什么大不了的，她凭第六感官觉得事情严重，坚决要求孩子到医院留观，谁知一进院，孩子就进了重症监护室，好在及时，孩子逃过一劫。除了认真负责外，班主任还有一个了不起的习惯，所有的别人不当一回事的小问题，她都不会放过，尽管有时有点把蚊子当老虎打，但是，就是这种不马虎的恒劲，却能起到保护学生，甚至能让孩子转危为安，化险为夷的作用。而老师自然而然成了孩子的庇护神。

（二）严格抓好主线

养成良好的生活、学习习惯，培养孩子熟练掌握基本的技能技巧，这是教师和家长的第二大教育主线。

1. 良好的生活习惯

（1）按时就餐，饮用适量，荤素结合。

（2）个人卫生好。洗脸漱口洗脚洗澡洗发洗手要按时如质完成。

（3）爱护眼睛，要经常正确洗目运目。

（4）保护好身体的每个器官，作息规律，科学。

（5）坚持科学锻炼身体，有某一门体育爱好。

（6）有很强的安全意识。每离开自己的居所或到一个新地方，开展新活动，与陌生人接触，首先要考虑自身安全、财物安全、大众安全。

2. 良好的学习习惯

（1）听课做到心到笔到，读书做到口脑手并用。

（2）勤学好问，打破砂锅问到底。

（3）如期如质完成各科作业。

（4）认真复习总结。

（5）勇于讨论问题，发表自己的见解。

（6）胜不骄，败不馁。

3. 熟练的技能技巧

（1）独立生活的能力：能做简单的饭菜，非常时期孩子饿不死。

（2）基本的交往能力：在不同的对象，不同的场合中能从容镇定，正常表现。

（3）正常的学习能力：听说读写讲能有自信力和他信力（别人认可他）。

孩子好习惯和基本技能的形成，这一主线和身体健康，平安生活那一基线是构成孩子人生的华宇的基石，它们互为表里，相辅相成，二者不可机械分割。

作为教师和家长，我们可以这样敦促孩子：

首先是明要求，查日常。我们要明确自己应为孩子的健康成长做些什么事情，不要认为自己是局外人而全是孩子的事，有必要时我们一定要与孩子取得积极的联系，营造良好的沟通环境，让孩子大胆暴露，发现问题就要积极采取措施，发现亮点，就要及时恰当肯定。心中有数，路途广阔。我们心中要有两簿即“记功簿”和“记过簿”。适当的时候，我们要巧妙地翻翻，不仅是砥砺孩子，更是反省我们自己。

其次是严宽有度。话不要讲得太满，事不要做得太板，一切都要让孩子有自省的机会。死板的教育，缺乏温情，很难有理想的教育效果。对待不同性格不同情况的孩子，我们必须因材施教。反复性很强的孩子，我们必须对他们适度严教，让他们知道问题不彻底解决害人害己：初犯者，则要慎用严法。但是所有的严宽之法，都要以孩子乐于接受为前提，不能让孩子绝望。不能戕害孩子的身心健康，甚至危及孩子的生命安全。

再次是现身说法。有一位班主任接教一个班，就一定要讲自己安全第一的故事：离家时，他最后一个离开，锁了门，他还要特意开锁看气阀关了没，水阀关了没，用电器关了没。学生下晚自习后，他一定要到教室看一看，电灯关了吗，教室里，工具房有学生滞留吗，早上学生起床，他百不缺一会到寝室查学生关水关电，内务整理，学生滞留等情况。他严格要求学生外出活动或回家要结伴而行。这些平常得不能再平常的小故事，孩子们听得津津有味，自然而然培养了孩子的安全意识和做事细心周到的好习惯。

最后是榜样在前。榜样的力量是无穷的。古往今来，激励孩子健康成长的优秀事例数不胜数。例如：有一次周总理设宴招待外宾。服务员上了一道冬笋汤菜，冬笋片是按照民族图案刻的，在汤里一翻身恰巧变成了“法西斯”的图案。外宾见此，不禁面面相觑。周总理心头顿时也飘过一股疑惑之云，但他随即泰然自若，莞尔一笑道：“这不是法西斯的标志！这是我们中国传统中的一种图案，念‘万’，象征‘福寿绵长’的意思，‘万’是对客人的美好祝愿！”接着他又风趣地说：“就算是法西斯标志也没有关系嘛！我们大家一起来消灭法西斯，把它吃掉！”话音未落，宾主哈哈大笑，气氛更加热烈融洽，这道汤也令客人们吃得津津有味。周总理镇定从容睿智处理外交中突发的尴尬事件，不能不令人佩敬。这样的好故事孩子听了如醍醐灌顶，什么样的意外事情出现在他们的人生中，他们都可从中得到启发。

明末著名的复社领袖张溥出身官宦门第，惟因婢妾所生，排行第八，故“不为宗党所重，辅之（伯父）家人遇之尤无礼，尝造事倾陷诩之”，当面称他“塌蒲屦儿”，意为“下贱人所生，永远不出息”。张溥遭此侮辱，勤奋好学，读书必手抄，抄后读过即焚去，如此反复七遍，冬天手冻裂，以热水浸暖继续再练。后来他把自己的读书室命名为“七录斋”，自己的著作也题名为《七录斋集》。《明史》记有张溥

“七录七焚”的佳话。“七录斋”主人张溥不因自己出身地位低微，被家族人鄙弃而自轻自贱，怨天尤人，相反他能化侮辱为动力，勤学苦学精学，为了让自己精准掌握，滚瓜烂熟，所读的书抄了又焚，焚了又抄，直至自己刻骨铭心。这样的先贤令人肃然起敬。无论是学习习惯好，天资聪颖的孩子，还是不爱学习，生性愚钝的孩子，如果知道中华文明中有这么一颗亮丽之星，他们定会我心仰望之，我心向往之，我心效法之。

（三）擎举精神生命线

培养孩子家国天下，责任担当，胸襟气度，格局情怀等品格素养，这是塑造孩子高洁的灵魂，老师和家长必须抓紧抓好这条精神生命线。每一孩子，他们不只是独立的个体，他们的存在与家庭社会国家天下有千丝万缕密不可分的联系。如果说身体健康，平安生活；养成习惯，基本技能技巧抓这两大主线只是从孩子作为个体的物质存在的需要出发，那么培养孩子具有家国天下，责任担当，胸襟气度，格局情怀等品格素养，那便是从孩子是社会中人的角度考虑的。当我们的孩子成为未来社会主人的时候，家庭集体社会国家天下将给他们出很多考题，往往他们不得不回答，不能不回答。大事难事会考验他们的担当，逆境顺境会考验他们的胸襟，喜怒哀乐会考验他们的涵养，舍得成败会考验他们的智慧气度格局。为了让我们的孩子将来成为“担当民族复兴大任的时代新人”和“德智体美劳全面发展的社会主义建设者和接班人”，作为社会主义新时代的教师和家长，我们应毫不懈怠，竭尽全力肩负起这一教育使命。具体我们可以围绕下列标准践行。

1. 培养孩子的人文底蕴意识

（1）加强孩子人文积淀

利用家庭或学校的定期阅读活动、知识竞赛活动、诗词竞赛活动、人文知识的讲座活动、征文活动等，引导孩子积极读书，使我们的孩子具有古今中外人文领域基本知识和成果的积累；能理解和掌握人文思想中所蕴含的认识方法和实践方法等。

（2）培养孩子的人文情怀

通过不断的学习与实践，培养孩子的人本思想，能尊重和维护人的尊严与价值；能关切人的生存、发展与幸福等。

（3）培养孩子审美情趣

通过不断的学习与实践，增强孩子的艺术知识、技能与方法的积累；能理解和尊重文化艺术的多样性，具有发现、感知、欣赏、评价美的意识和基本能力；具有健康的审美价值取向；具有艺术表达和创意表现的兴趣和意识，能在生活中拓展和升华美等。让孩子了解古今中外人类历史长河中善恶是非得失美丑，让孩子见识什么是社会，什么是人生，自己将来要往哪条道路上走。为了让孩子有这些间接的有益的知识和意识，首先家长和老师自己要有这方面的知识，然后才能有意识地去引导。当我们潜心阅读古今中外的著作，不难发现一个秘密，所有有建树的成功人士，无论哪个行业的，他们的身后都有一个可敬的家长和一个或一群了不起的老师。

例如东汉时期党人名士“江夏八俊”范滂，因正直敢于直谏而遭受党锢之祸，范滂与母诀别说：“仲博（范滂之弟）孝敬老人，能够供养母亲，范滂跟随龙舒君（范滂之父）命归黄泉，我们生死存亡各得其所。希望母亲大人忘掉难以忍受的分离深情，不再增加哀伤。”他母亲说：“你现在能够与李膺、杜密齐名，死了又有什么遗憾呢，好名声和长寿，能够兼得吗?”范滂诚惶诚恐跪下接受母亲教诲，两次叩头和母亲告别。范滂回过头对他儿子说：“我想让你作恶，但恶事不应该做；想要让你行善，但我就是不作恶的下场。”道路上的行人听到了，没有不流泪的。

范滂死时年仅三十三岁。当年年仅十岁的苏东坡在母亲程氏的指导下读《范滂传》而为范滂的高尚情操所感动，激动地说：“我如果做范滂，母亲能答应我这样做吗?”程氏说：“你能做范滂，我难道不能做范滂的母亲吗?”

纵观苏东坡的一生，无论是官居翰林大学士还是被政敌一贬再贬，备受折磨，但是无论何时何地，一个心系苍生的忠臣形象从不褪色，从他的一言一行中可见范滂的影子。可以说有深明大义，睿智通透的母亲，才有敢作敢当，殒身不恤的范滂。苏东坡承蒙母亲的善教善导，幼小的心灵就烙上了忠直，担当，勇毅等充满人性光辉的烙印，所以中华民族伟大的历史上才有大政治家，大文学家，大思想家，大书画家，大天才苏轼最灿烂的扉页。培养孩子的人文底蕴意识，有目的，有计划教孩子读古今中外的名著，不仅是文明的传承，更主要是带领孩子享受人类文明的盛宴，从中吸取营养，滋养自己，丰富自己，为将来成就自己精彩的人生奠定基础。但是，许多孩子不喜欢看书，一看书就打不起精神，恹恹欲睡，那么如何让孩子喜欢阅读?先看一个报道：

世界上最爱读书的民族：犹太民族

4月23日是世界读书日，犹太民族被誉为世界上最爱读书的民族。犹太民族也许是人类最独特的伟大民族——只占世界人口的0.2%，却获得过29%的诺贝尔奖，为人类奉献了《圣经》，在各领域都大师辈出，群星灿烂，全球流散2000年，甚至连语言都丢失了，最终说着85种语言，从115个国家移居以色列立国。战火中一代人就建成现代经济强国，建立起融合宗教传统的现代民主社会。

犹太人把读书作为传承教育、传统、知识的手段，被誉为“读书的民族”“教育的民族”“记忆的民族”以及“学习和思考的民族”。

搬家时，把不需要的书放在街头任人拿走。以色列孩子从小就牢记《圣经》训言“人不能只靠面包活着”。犹太人眼中，读书不可或缺，文学、艺术、音乐、诗歌如水和粮食一样不可缺少。生命会结束，读书却无止境。他们说，金钱装在口袋里，智慧却装在自己脑袋里。

犹太民族传统中，书橱要放在床头，放在床尾被认为是对书不敬。犹太人从不焚书——即便是攻击自己的书。他们搬家时，会把自己不需要的书刊摆放街头，任行人挑选赠送。

人均读书量、图书馆、出版社均居世界第一。以色列的图书价格相对较低，一本小说几美元到几十美元。犹太人常自豪地说，特拉维夫满大街都是书店。商业区最繁华大街的书店往往也最多，风格各异，有的还摆几张小桌，顾客在清香咖啡中聚精会神看书。在海边和街头公园，有很静静看书的人，他们营造的读书求知氛围令人肃然起敬。

周六是安息日，商店、饭店、娱乐场所大都关门，公交也停运，人们在家中静心祈祷、反思。唯独读书买书是可以的，书店照常营业，顾客络绎不绝。书店和街头报亭可买到美欧西方各国大报，有的书店还有《毛泽东选集》《邓小平文选》等中国书籍。

以色列人均读书量居全球第一，拥有的图书馆和出版社也是全球最多，全国 1/4 的人有借书证。以色列报纸有 30 多份，刊物 900 多种，当地销量最大的报纸《新消息报》每天有 120 多页，发行量高达 40 万份，而到了周末，该报纸有近 400 版发行 70 万份，几乎为人口的 1/10。以色列报纸的定费不菲，每份报纸每月四、五十美元，但每家都订好几份报刊，喜爱读书看报成为习惯和美德。他们甚至笑言自己买报纸比买面包要积极。

(M. http://www.jint.cn/d433-3124.html)

从上文中我们可以找到答案：

（1）全民要有读书意识，人人挤时间读书，形成尚书的社会风气。

（2）设立家庭书房，从孩子牙牙学语就给他们讲故事，读书给他们听，逐渐养成他们爱读书的习惯，引导孩子有意识理解背诵诗词歌赋中的经典。

（3）每个大型公共设施设立图书馆或阅览室，让人们免费阅读。

（4）学校图书馆阅览室每天定期开放，专人管理，专人指导。

（5）开展主题读书竞赛活动。如整本书阅读活动，讲名人名家故事活动，征文活动，演讲活动，国学讲座，科技知识讲座。可以先布置任务，再让孩子们主持活动，充分调动孩子们的积极性。各项活动有可观的物质奖励。

（6）树立读书之星，出表扬栏，广而告之，扩大影响力。

2. 培养孩子的科学精神

（1）培养孩子的理性思维

在课堂学习和课后实践中，引导孩子崇尚真知，能理解和掌握基本的科学原理和方法；尊重事实和证据，有实证意识和严谨的求知态度；逻辑清晰，能运用科学的思维方式认识事物、解决问题、指导行为等。

（2）正确引导孩子批判质疑

无论是课堂学习，还是日常生活，我们应通过设疑，导读，导学，探究等策略，培养孩子的问题意识；能独立思考、独立判断；思维缜密，能多角度、辩证地分析问题，做出选择和决定等。

（3）鼓励孩子勇于探究

我们要有目的有意识地保护和培养孩子的好奇心和想象力；能不畏困难，有坚持不懈的探索精神；能大胆尝试，积极寻求有效的问题解决方法等。

有一位女生，家里养了几百只鸭，每天爸妈乐哈哈捡鸭蛋，久而久之，乐极生忧。弯腰捡蛋腰椎受损，影响生活，女生就从这一事情出发，反复试验，后来在物理老师的指导下发明了拾蛋器，获得了省中学生科技发明一等奖，后被保送进大学深造。弯腰捡蛋久了伤脊椎，能不能发明一个站着直腰拾蛋的器具呢？基于这种思考，她在物理老师的指导下，一个很实用的发明创造诞生了。

伊索说：需要是创造的母亲。要培养孩子的科学精神，首先就要培养孩子的探索精精神，要鼓励孩子大胆质疑。

爱迪生是美国举世闻名的电学家和发明家，被誉为“世界发明大王”。他发明了留声机、电灯、电话、电报、电影等，除此之外，在矿业、建筑业、化工等领域也有不少著名的创造和真知灼见。他一生共有约两千发明创造，为人类的文明和进步作出了巨大的贡献。

他同时也是一位伟大的企业家。1879 年，爱迪生创办了“爱迪生电力照明公司”，1880 年，白炽灯上市销售，1890 年，爱迪生已经将其各种业务组建成为爱迪生通用电气公司。1891 年，爱迪生的细灯丝、高真空白炽灯泡获得专利。1892 年，汤姆·休斯敦公司与爱迪生电力照明公司合并成立了通用电气公司，开始了通用电气在电气领域长达一个世纪的统治地位。

当我们景仰伟大的发明家的同时，我们不禁会问：他为什么具有如此非凡的创造力？我们不妨带着一份热情与敬意探寻他成长成功辉煌的人生轨迹。爱迪生“从小，他对周围的一切就充满好奇，凡事总爱比别人多问几个为什么。有一天该吃饭了，妈妈却发现爱迪生不见了，全家人找来找去，最后在鸡窝里找到了他，原来他看到母鸡孵出小鸡，他自己也想试一试。7 岁时，爱迪生上学了，他还像以前一样爱问为什么。老师教给大家：2＋2＝4，他偏要问为什么 2 加 2 要等于 4，尽管老师给他做了一般的解答，他还是不满足，气得老师骂他低能儿，要求他退学。”

勤学好问，勤于实践，百折不挠，这是爱迪生成功的秘密，也是我们的孩子努力的方向。

3. 培养孩子学会学习的意识

（1）从孩子的学习基础和禀赋出发，引导孩子乐学善学，能正确认识和理解学习的价值，具有积极的学习态度和浓厚的学习兴趣；能养成良好的学习习惯，掌握适合自身的学习方法；能自主学习，具有终身学习的意识和能力等。

（2）在充分了解孩子学业情况的前提下，引导孩子勤于反思，如有意识地对某类孩子提问，试卷分析，发现他们学习中的不足，并提出有建设性的建议等，孩子在教师的点拨中反思和自新，学业成绩有出乎意料的高扬。

为了避免孩子乐学而不善学的现象，教师要善于做这些常规工作：① 要求学生听课适当做笔记。② 有针对性布置作业。③ 对每次考试答题，孩子有没有对自己的学习状态进行审视的意识和习惯，善不善于总结自己学习进步的经验；能不能根据不同的学习情境和自身实际，选择或调整学习策略和方法等。

4. 树立孩子的信息意识

引导孩子自觉、有效地获取、评估、鉴别、使用信息；具有数字化生存能力，主动适应“互联网＋”等社会信息化发展趋势；具有网络伦理道德与信息安全意识等。

乐学善学是培养孩子学会学习意识的核心。乐学，是一个学习兴趣问题，怎样培养孩子的学习兴趣是每位家长和老师都应特别关注的问题，忽略了这个大问题，势必影响孩子的求学成就。培养孩子学习兴趣有很多方法，具体如下：

（1）兴趣渗透法

老师和家长要知道孩子天生的禀赋是什么，然后以孩子天然的兴趣做引子，机智巧妙地将孩子引到学习上来。如孩子爱好音乐，喜欢听歌曲，老师父母在满足他们的要求后可以激发他们的兴趣：想不想听更好听的歌？想不想成为歌唱家？孩子的兴趣被激起就会回答：想，但是不知怎么做。于是，我们就可因势利导，指出成为歌唱家的必备的知识和能力及要付出的劳动。

（2）以趣养趣法

许多教师和家长很有情趣，爱好广泛而执着，这对孩子的影响是潜移默化的，也是不可小觑的。曾经高考满分作文《赤兔之死》的作者蒋昕捷对评书着迷，就是受了痴迷于听评书的外公的影响。入了迷，就对《水浒传》《三国演义》等古典文学百听不厌，百看不厌，学习成了生活中一件至关重要的事情。耳濡目染，耳熟能详，关键时候信手拈来，一代高考作文满分状元脱颖而出。

（3）日常点拨法

有许多深谋远虑的家长和老师，有意识带着孩子到世界著名的大学，国内著名的高校参观学习，旅游观光，激发孩子积极学习的兴趣。可以说受过这种日常点拨的孩子乐学的状态要比没有经过的好得多。

（4）课堂激趣法

一堂课除了思想教育和基础知识基本技能两个目标教学外，还应有一个更重要的目标——激发孩子的学习兴趣，培养孩子的求知欲。那么，每个课堂都应有切合教学任务而有趣的设计。如学《林黛玉进贾府》时，有位语文老师这样激趣：林黛玉进贾府是从哪个门进的？为什么？薛宝钗进贾府是从哪张门进的，为什么？这些问题好像一颗颗石子投进了孩子思维的心湖，激起学生探究的浪花。

（5）高分激励法

孩子的学科学习积极性与学科作业和考试成绩的好坏有密切的关系。一个孩子长期以来某科得分低，他对该科学习积极性不可能高，越低越不想学，越不想学分数就越低，可怕的恶性循环，怎么着都没兴趣。最妙之招，用高分激励，高分是孩子自信的资本，一成不变的低分是摧毁孩子求知欲的可怕的核武器。孩子某科考试得了高分，我们可以感受到他们不仅对这门功课很感兴趣，同时他们对该科任课教师都特别的尊敬。因此，我们应很好地把握孩子各科的得分，适当的时候，要善于给孩子打高分，让孩子享受学习的快乐。

（6）夸奖法

好孩子是夸出来的。一般来说，自带光芒的孩子不多，问题孩子多的令人瞠目结舌。但是只要我们善于发现孩子的亮点，恰到好处地夸奖，孩子的学习兴趣就激发出来了。即使在批评孩子的时候，都要注意藏否结合，不让孩子看不到自己的光辉。

孩子乐学了但不一定善学。善学是一种更高的学习状态。经常可见许多爱学习的孩子成绩平平，什么原因？不善学。乐学而不善学的孩子一般学习属浏览型，不是钻研型。从浏览型转化为钻研型要经过较长的思维训练和有针对性打磨。如掌握知识的精准性和系统性出了问题，运用知识的灵活性出了问题。一般要看学生暴露的学习态度问题和思维问题。有错必纠，争取下不重错，学生有错题集，考前必有针对性复习。

5. 培养孩子健康生活意识

（1）教育孩子珍爱生命，理解生命意义和人生价值。具有安全意识与自我保护能力；掌握适合自身的运动方法和技能，养成健康文明的行为习惯和生活方式等。

（2）培养孩子健全人格，具有积极的心理品质，自信自爱，坚韧乐观；有自制力，能调节和管理自己的情绪，具有抗挫折能力等。

（3）培养孩子自我管理能力，能正确认识与评估自我；依据自身个性和潜质选择适合的发展方向；合理分配和使用时间与精力；具有达成目标的持续行动力等。

珍爱生命，首先要令孩子懂得什么是生命。生命在古代被看作是“气”。例如，“人之生也，气之聚也，聚则为生，散则为死……故曰通天下一气耳。”“气”，不同的学者有很不同的解释，如：“人之生，其犹冰也，水凝而为冰，气积而为人。”把生命的形成比作结冰，也有把生命比作火的，如：“人含气而生，精尽而死，死犹澌，灭也。譬如光焉，薪尽而火灭，则无光矣。故灭火之余，无遗炎矣；人死之后，无遗魂矣。”中国古代哲学家，常把生与死连起来讨论，例如“有血脉之类，无有不生，无生不死，以其生，故知其死也”，把生命看作是与死亡对立的事物。

根据分子生物学的研究，人们对构成生命活动的基本物质有了比较详细的了解。生命体的形状、大小和结构可以千差万别，但它们都是由脱氧核糖核酸（DNA）、核糖核酸（RNA）和蛋白质等大分子为骨架构成的。

然后要教育孩子为什么要珍爱生命。

孩子的生命为父母所赐，两位成熟的陌生异性，因工作学习等机缘巧合而有了一场美丽的邂逅，酿成一股非同凡响的情感风暴，他们在这场甜蜜脱单的人生洗礼收获甜美的爱情，令人艳羡的婚姻和幸福的家庭，顺理成章有了他们心中的宁馨儿——自己的骨肉孩子。所以，孩子们珍爱生命，就是饮水思源，不忘根本，就是对父母最大的孝敬和最崇高的回报。一个孩子，从母亲珠胎喜结，经十月孕育，到呱呱坠地，到牙牙学语，到蹒跚学步，到入学求知，到走入社会，到组建家庭，哪一件事不牵动父母的心。

正如《劝孝歌》所言：

十月胎恩重，三生报答轻，
一尺三寸婴，十又八载功。
母称儿干卧，儿屎母湿眠。
母苦儿未见，儿劳母不安。
老母一百岁，常念八十儿。
尊前慈母在，浪子不觉寒。

所以说珍爱生命，就是珍惜父母的劳动成果。

《孝经·开宗明义章》写道：仲尼居，曾子侍。子曰：“先王有至德要道，以顺天下，民用和睦，上下无怨，汝知之乎？”曾子避席曰：“参不敏，何足以知之？”子曰：“夫孝，德之本也，教之所由生也。复坐，吾语汝，身体发肤，受之父母，不敢毁伤，孝之始也。立身行道，扬名于后世，以显父母，孝之终也。夫孝，始于事亲，中于事君，终于立身。《大雅》云：‘无念尔祖，聿修厥德’。”

有一天孔子坐着，曾子在一旁等待教诲。孔子说：“先前的圣王有最美好的品德和最令人佩服的做人的原则，他们把这些用来治理天下，让民众学习和效法，社会上就会出现和睦相处的好风气，官吏和民众之间就没有相互怨恨的现象。你知道这是什么样的品德和原则吗?”曾子马上站起来说：“曾参我不够聪敏，没有能力知晓这么深刻的道理，请老师指教。”孔子说：“孝这个事情，是道德的根本，人需要教育的原因也在这里。请你坐下，我说给你听。我们的身体毛发皮肤是父母给我们的，我们必须珍惜它，爱护它，因为健康的身心是做人做事的最基本条件，所以珍惜它，爱护它就是行孝尽孝的开始。让自己健康成长按正确的原则做人、做事，让自己的名字为后人所景仰，就会让后世知道自己的父母教导有方，培养出了一个优秀儿女，这是人行孝尽孝的结束。总的讲，行孝尽孝的开始就是要孝顺父母，长大成人就要忠于国家和君主，最终就是要对他人和社会有所贡献，能实现自己应有的人生价值。因此，《诗》的《大雅》中讲：“不要忘记你的祖宗和父母，这是人生最需要修养的道德。”

一代圣贤孔子从家庭伦理的角度深刻地阐述了珍爱生命的重要意义。从社会的角度来看，如果一个人不珍爱生命，就是对社会物质资源的最大浪费。

有人做过不完全统计，一个人一生吃掉的东西：4 头牛，15 头猪，21 只羊，1200 只鸡，13000 只鸡蛋（未出生的鸡）；5000 多只苹果，1 万多个胡萝卜；3 吨面包，630 公斤巧克力；2 吨葡萄酒，11 吨啤酒，全球随时都有 4500 万醉鬼；18 吨的牛奶，75000 杯茶；相当于装满一个浴缸的罐头豆子；一生总共吃下约 50 吨食物。当然，这是指世界各地人们的平均数。考虑到很多穷人没什么吃的，富人应该吃的更多。

这仅仅是从“吃”这个方面来了个不完全统计，穿、用等还没有涉及。每一个孩子是父母之果，也是社会中人，珍爱生命，也就是热爱生活，热爱社会，热爱他人，为家庭，为社会，为国家作出贡献。

怎样教孩子珍爱生命。

首先，正三观，提高对生命存在价值的认识。著名作家三毛曾说："我们一步一步走下去，踏踏实实地去走，永不抗拒生命交给我们的重负，才是一个勇者。到了蓦然回首的那一瞬间，生命必然给我们公平的答案和又一次乍喜的心情，那时的山和水，又回复了是山是水，而人生已然走过，是多么美好的一个秋天。"

人生最大的意义就是清醒地活着。轻生，是一个人对这个世界最大的过错。人生一世，不管是轻装上阵，还是负重前行，我们都要信心百倍，勇往直前。

其次，慎言慎行，智慧生活。病从口入，祸从口出。自己每说一句话，每做一件事，都要从全局大局长远考虑，决不能为自己埋下祸因，成为自己的掘墓人，自己把自己逼上绝路。应如晚清名臣左宗棠所说："发上等愿，结中等缘，享下等福。择高处立，寻平处住，向宽处行。身无半亩，心忧天下。读破万卷，神交古人；穷困潦倒之时，不被人欺；飞黄腾达之日，不被人嫉。能受天磨真铁汉，不遭人嫉是庸才。自奉宁过于俭，待人宁过于厚。一切均从简省，断不可浪用。此惜福之道，保家之道也。"

最后，凡事讲原则，讲纪律，讲分寸，讲底线。不意气用事，不鼠目寸光，不优柔寡断，不贪得无厌，不胆小如鼠，不蹉跎岁月，不心无大志。

6. 培养孩子责任担当意识

(1) 培养孩子的家庭和社会责任感

教会孩子自尊自律，文明礼貌，诚信友善，宽和待人；孝亲敬长，有感恩之心；热心公益和志愿服务，敬业奉献，具有团队意识和互助精神；能主动作为，履职尽责，对自我和他人负责；能明辨是非，具有规则与法治意识，积极履行公民义务，理性行使公民权利；崇尚自由平等，能维护社会公平正义；热爱并尊重自然，具有绿色生活方式和可持续发展理念及行动等。

（2）培养孩子国家认同思想

教育好孩子具有国家意识，了解国情历史，认同国民身份，能自觉捍卫国家主权、尊严和利益；具有文化自信，尊重中华民族的优秀文明成果，能传播弘扬中华优秀传统文化和社会主义先进文化；了解中国共产党的历史和光荣传统，具有热爱党、拥护党的意识和行动；理解、接受并自觉践行社会主义核心价值观，具有中国特色社会主义共同理想，有为实现中华民族伟大复兴中国梦而不懈奋斗的信念和行动。

（3）培养孩子诚实责任担当意识

教育孩子具有全球意识和开放的心态，了解人类文明进程和世界发展动态；能尊重世界多元文化的多样性和差异性，积极参与跨文化交流；关注人类面临的全球性挑战，理解人类命运共同体的内涵与价值等。

如果说珍爱生命就是教育孩子善待自己，懂得自我生命存在的意义，那么，培养孩子的责任担当意识，就是教孩子爱家庭，爱社会，爱国家，爱人民，爱中国共产党。

有担当的人一定是诚实的人。在弗吉尼亚的一个农场上，华盛顿经常教他的儿子乔治骑马，年青的乔治常常和父亲一道干农活。会种田，会放牛养马，乔治知道这是父亲对他的殷切期望。

华盛顿先生有一个美丽的果园，里面种着苹果树、桃树、梨树、李子树与樱桃树。有一次，华盛顿先生从大洋对岸买了一棵品种上佳的樱桃树。他非常喜爱这棵樱桃树，把树种在果园边上，并告诉农场上的每一个人要对它严加看护，不能让任何人碰它。

这棵樱桃树在华盛顿先生的呵护下长得枝繁叶茂，生机盎然。春天来了，树上白花绽放，好像一树洁白无瑕的美玉，芬芳扑鼻，沁人心脾，辛勤的蜜蜂被它迷住了，华盛顿先生欣赏着，仿佛闻到樱桃的清香，他心都醉了。

大约就在此时，有位好朋友送了乔治一把漂亮的斧子。乔治爱不释手，他拿着它砍树枝，砍篱笆，可以说是见什么砍什么。一天，他一心想着试试自己心爱的斧子有多么锋利，于是来到果园边，举起斧子砍向那棵樱桃树。树皮很软，乔治没几下就把树砍倒了，望着颓然倒在地上的樱桃树，乔治嗨嗨地笑了起来。傍晚，华盛顿先生忙完农事，把马牵回马棚，然后来果园看他心爱的樱桃树。他站在那里惊呆了，几乎不敢相信自己的眼睛。是谁胆敢这样做？乔治恰巧从旁边经过。“乔治，”父亲生气地喊道，“你知道是谁把我的樱桃树砍死了吗？”

看到怒不可遏的父亲，乔治哼哼叽叽了一会儿，但很快恢复了神志。“我不能说谎，爸爸，”他说，“是我用斧子砍的。”华盛顿先生看了看乔治。那孩子脸色煞白，但正视着自己。

“回家去，儿子。”华盛顿先生严厉地说道。

乔治怯怯走进书房，等父亲。他懊悔极了，恨不得有条地缝让自己钻到父亲看不到的地下去。

一会儿之后，华盛顿先生走进书房。“到这里来，孩子。”他说道。

乔治听话地走到父亲旁边。华盛顿先生静静地看了他很长时间，温和地说：“告诉我，儿子，你为什么要砍那棵树？”

“当时我正在玩，没想到——”乔治结结巴巴地说道。

“现在树就要死了，我们永远也不会吃到樱桃了。但比这更糟的是，我嘱咐你要看护好这棵树，你却没有做到。”

乔治羞愧难当，脸一红，低下头，眼泪就快要落下了，哽咽着说：“对不起，爸爸。”

华盛顿先生把手放在孩子肩头。“看着我，”他说道，“失去了一棵树，我当然很难过，但我同时也很高兴，因为你鼓足勇气向我说了实话。我宁愿要一个勇敢诚实的孩子，也不愿拥有一个种满枝叶繁茂樱桃树的果园。一定要记住这一点，儿子。”

乔治也就是后来美国历史上首任总统，美国的国父乔治·华盛顿。

乔治·华盛顿，曾在美国独立战争中率领美国人民赶走英国殖民者，建立美利坚合众国，为美国的独立作出了杰出的贡献，他的以天下为己任的担当精神与他的诚实，知错就改，从善如流的品质密切相关，与他父亲轻物质，重孩子的教育点拨密不可分。一棵心爱的樱桃树被砍了，一个诚实的孩子凸显眼前，一个重教善教的优秀父亲在天下家庭教育的史册上留下了大写的一笔，这是教育的大成果，他惊醒父母老师，培养孩子的责任担当精神不是高不可攀的事，它来自日常小事。我们要通过孩子打扫家里或寝室，教室，公共卫生等日常小事培养孩子的责任心。如有的孩子马虎对待，还口口声声说："我是来读书的，不是来扫地的"，一点集体观念都没有，有这样行为的学生，不要去问他们的责任意识，担当精神，他们哪怕学业成绩优秀，也很难为社会做出大贡献。因此我们应从小事起，引导孩子，有责任心，心中才有爱；心中有爱，胸中才装得下他人，集体，国家，并为之不懈努力，无私奉献，这样孩子才有自己宏大的人生舞台。

7. 培养孩子的实践创新精神

（1）培养孩子热爱劳动和劳动人民的意识

教育他们在任何情况下都要尊重劳动，具有积极的劳动态度和良好的劳动习惯；具有动手操作能力，掌握一定的劳动技能；主动参加家务劳动、生产劳动、公益活动和社会实践，具有改进和创新劳动方式、提高劳动效率的意识；具有通过诚实合法劳动创造成功生活的意识和行动等。

（2）培养孩子问题解决意识

引导孩子善于发现和提出问题，有解决问题的兴趣和热情；能依据特定情境和具体条件，选择制订合理的解决方案；具有在复杂环境中行动的能力等。

（3）培养孩子学以致用的思想

教育孩子理解技术与人类文明的有机联系，具有学习掌握技术的兴趣和意愿；具有工程思维，能将创意和方案转化为有形物品或对已有物品进行改进与优化等。

社会责任、国家认同、国际理解、人文底蕴、科学精神、审美情趣；身心健康、学会学习、实践创新这九种素养是我们父母老师要烂熟于心，并要付诸教育实践的内涵和精神。

8. 怎样正确评判孩子的成长

（1）看趋势。看孩子的习惯养成程度，看孩子的理想高度，看孩子认知事物的分析能力，看孩子自我反省的状态，看孩子的人际圈的纯洁度，看孩子对待一张试卷的认真度。如果趋势很好，孩子即使一时成绩滞后，也没有大问题，老师与家长要耐心期待他们进步、提高。

（2）看精神风貌。平日孩子说说笑笑，有动手做事的热情，阳光开朗，积极主动，乐呵呵的，这样的孩子应点赞。

（3）不能一条尺子。不同的孩子要有不同的标准。重在看进步，看亮点，看细微的好变化。这与公平没关系，这是一条爱的尺。

元代诗人郭居敬《牡丹》：

千古芳名出洛阳，
身居花国合称王。
玉栏杆外东风软，
日映红云一朵香。

总而言之，浇灌孩子核心素养绮蕊的过程是教师美德与才华的施展过程，是孩子身心发展，道德品质和知识才华的形成过程，也是家校同心同德，齐抓共管，默契共育的过程。培养下一代，是家之大事，是国之大事，是师之大事。

参考文献

［1］杨伯峻．春秋左传注［M］．北京：中华书局，2017．

［2］王建民．孙子兵法［M］．北京：北方文艺出版社，2007．

［3］韩兆琦译注．史记［M］．北京：中华书局，2007．

［4］刘儒德．教育中的心理效应［M］．上海：华东师范大学出版社，2006．

［5］［美］黑贝尔斯（Saundra Hybels），［美］理查德·威沃尔二世（Richard L Weaver Ⅱ）．有效沟通［M］．北京：华夏出版社，2005．

［6］张东娇．教育沟通论［M］．太原：山西教育出版社，2002．

［7］［苏联］苏霍姆林斯基．苏霍姆林斯基选集［M］．北京：教育科学出版社，2001．

［8］［英］梅森（Charlotte Mason）．如何培养孩子的性格［M］．北京：中国发展出版社，2003．

［9］靳玉乐，张铭凯，郑鑫．核心素养及其培育［M］．南京：江苏人民出版社，2017．

［10］刘飞．语文核心素养与课堂教学实践［M］．南京：南京大学出版社，2019．

［11］核心素养研究课题组．中国学生发展核心素养［J］．中国教育学刊．2016（10）．

[12] 张良. 核心素养的生成：以知识观重建为路径 [J]. 教育研究. 2019 (09).

[13] 郑云清. 对核心素养的几点思考 [J]. 基础教育课程. 2017 (01).

[14] 孙先亮. 实践核心素养，提升学校品质 [J]. 基础教育课程. 2017 (Z1).

[15] 李晓东. 将中国学生发展核心素养切实落地 [J]. 基础教育课程. 2016 (23).

[16] 徐兆宏. 核心素养落地生根的基本策略探微 [J]. 中学政治教学参考. 2017 (02).

[17] 楚瀚. 对学生学科核心素养培育的思考 [J]. 中学政治教学参考. 2017 (04).

[18] 姚义桥，靳忠. 聚焦核心素养突出创新教育 [J]. 中学政治教学参考. 2016 (32).

[19] 黄启鹏. 班主任如何培养中职学生的核心素养 [J]. 华夏教师，2017 (12).

[20] 王旭. 新高考背景下基于学生核心素养的课程改革 [J]. 创新人才教育，2018 (4).

[21] 段红梅. 新高考背景下学生的核心素养培育与提升 [J]. 华夏教师，2018 (11).

[22] 李小英. 广东普通高中师生对新高考的态度与评价研究综述 [J]. 文教资料，2010 (5).

[23] 李珂. 论新高考背景下高中生核心素养的培育 [J]. 教师教育论坛，2017 (4).

[24] 李刚刚. 新高考综合改革背景下的人才培养模式变革——2017年首都教育论坛会议综述 [J]. 北京教育（普教版），2018 (3).

[25] 林丹，卜庆刚. 回归“育人”之初心——论“学生发展指

导”作为班主任核心素养的探究［J］．教育科学研究，2017（3）．

［26］蒋维西．基于学生“核心素养”发展的班主任角色转型［J］．现代中小学教育 2017（4）．

［27］李亚娟．教养：班主任与学生共同的核心素养［J］．江苏教育，2016（10）．

［28］徐向俊．浅析高中班主任工作的改进策略［J］．学周刊，2016（3）．

［29］陈怀．特别关注策略在高中班主任学生心理疏导工作中的应用分析［J］．课程教育研究，2018（16）．

［30］张迪．高中班主任班级管理工作现存的问题及策略［J］．黑龙江教育，2017（1—2）．

［31］方向赟．新阶段下高中班主任管理工作的创新策略探究［J］．学周刊，2016（31）．

［32］钟文才．走进学生真实的心灵——浅议高中班主任做好学生思想工作的途径和策略［J］．当代教研论丛，2016（4）．

［33］斯铁江．浅谈班主任视角下的学生核心素养培养［J］．劳动保障世界，2019（4）．

后 记

岁月在年复一年的花红叶绿中杳然流淌，我的著作梦在沉睡了几十年后终于苏醒。

青年才俊齐学军校长走马上任，就高屋建瓴为湘潭县第一中学长远高质量、高水平发展运筹帷幄，于是教研教改的东风在美丽温润的一中校园劲吹。2019 年，有 8 个市课题、2 个省课题立项开题。齐校长亲掌帅印，开启了省规划课题的研究新征程。我的“新高考背景下高中班主任培养学生核心素养策略研究”市课题也应运而生。

翻检尘封了几十年从教的往事，有三位有识之士的话令我刻骨铭心。

第一位，汤辉同学的妈妈。阿姨是一位医生，她把自己听闻的教师在教书育人中急功冒进酿成悲剧的事情慨叹了一阵后，殷切地对我说：“小阳，教学生要耐得烦，学生不守纪律，教师不能恶语伤人，更不能体罚伤害他们的身体。真正的好老师面对什么样的学生就有什么样的切实可行的办法。实在不行，问题先放一放，冷处理。”走上讲台后，我便特别小心谨慎。学生最容易睡觉的第一、五节，我不会急于讲课，首先我一定会找一点乐子，让全班笑开花，然后言归正传。学生假如睡着了，我决不会拧耳朵，捏鼻子，敲脑袋，我会轻敲桌子或提问，或用掌声鼓醒他（她），有时幽他一默：“身体好呀，我放心呀!”我笑他也笑。

第二位，德高望重的刘祖根老师。他说，毕业后还记得老师的学生是真优生。教师公平有爱心施教，才能得到所有学生的尊敬。

第三位，胡进军校长。胡校长当年是我们年级的主管，新来乍到，工作第一。他对我们班主任还不熟悉，但他凭晚自习教室的卫生和纪律情况去判断一个班主任的素质与能力。后来熟悉了，他同我寒暄："开学第一天，我走到教室看到讲台、地板一尘不染，黑板锃亮锃亮，课桌整整齐齐，新同学看书做作业，鸦雀无声，我就想，这位班主任一定不一般，这一定会是可进人民大会堂受勋的班主任！一问，原来班主任是阳老师。"

胡校长的话，虽是戏言，但在我沉寂的心湖激起层层涟漪。我开始反思自己担班主任的心路历程。

第一个阶段：怕。怕学生不接受我，不认可我；怕学校领导不相信我，不维护我；怕同事挤怼我，嫉妒我。让学生怕我。最优秀的学生即使我非常赏识他，但平常也不会说出来，平常处理事情，内心本来温热，但学生却觉得我冷若冰霜。什么事都是自己一个人默默付出，再苦再累也不会吭一声。

第二个阶段：和。笑脸迎人，听了学生讲的好事，我会哈哈大笑；若是坏事，只要不伤害学生的身体、危及生命，在心里我也会窃喜，为什么？我可能会捕捉到了一个教育学生改过自新的机会。

第三个阶段：乐。乐学生自觉听课了，乐学生主动问题了，乐学生作业工整了，乐学生成绩好起来了，乐学生放下成长包袱了，乐学生志存高远了，乐学生看问题全面辩证了，乐学生有独立自主精神了。

经历了教育学生的心灵洗礼，我的教育教学迎来了新的面貌，我不害怕任何一位学生，不担心任何一位领导，不猜忌任何一个同事。宋代理学集大成者朱熹说："诚能体而存之，则众之源，百行之本。"实行并保存真诚的心，这是人生美好的源头，行动美好的根本。一个人只要诚心诚意做好自己的本职工作，她的心灵的原野一定会绮蕊绽放，清香宜人。

怀着对教育事业的热爱，我在认真、执着、多思地做了 30 年班主任之后，仍毫不懈怠研究教师如何培养学生核心素养的策略，特别是近两年来，这种研究更有针对性、目的性、方向性和实效性。教研中，我把自己的经历和肤浅的心得体变成一个个带有思想感情总计十多万字的铅字。拙作出版，只当圆梦。

欧阳雪莲

2021 年 8 月 20 日